谢里曼

Heinrich
Schliemann

谢里曼
Heinrich Schliemann

皮波人物国际名人研究中心 编著

国际文化出版公司

·北京·

图书在版编目（CIP）数据

谢里曼/皮波人物国际名人研究中心编著. --北京：国际文化
出版公司，2013.4（2024.2重印）
（名人传记丛书）
ISBN 978-7-5125-0477-6

Ⅰ.①谢… Ⅱ.①皮… Ⅲ.①谢里曼（1822～1890）—传记
Ⅳ.①K835.165.81

中国版本图书馆CIP数据核字（2012）第320290号

谢里曼

作　　者	皮波人物国际名人研究中心　编著
责任编辑	戴　婕
统筹监制	葛宏峰　刘　毅　周　贺
策划编辑	刘　毅
美术编辑	丁鉷煜
出版发行	国际文化出版公司
经　　销	国文润华文化传媒（北京）有限责任公司
印　　刷	北京一鑫印务有限责任公司
开　　本	700毫米×1000毫米　　16开
	7.5印张　　　　　　70千字
版　　次	2013年4月第1版
	2024年2月第3次印刷
书　　号	ISBN 978-7-5125-0477-6
定　　价	29.00元

国际文化出版公司
北京市朝阳区东土城路乙9号　　　　　邮编：100013
总编室：（010）64270995　　　　　传真：（010）64270995
销售热线：（010）64271187
传真：（010）64271187-800
E-mail：icpc@95777.sina.net

目录

神话与理想

童年的精彩与感伤　　　　006

艰辛的求学路　　　　　　012

转危为安　　　　　　　　018

远离俗务的旅行　　　　　023

探寻泥土下的文化

奥德修斯之城　　　　　　032

为历史纠错　　　　　　　039

希撒利克的发现　　　　　044

与土耳其的交涉　　　　　055

迈锡尼王墓　　　　　　　060

目录

唤醒沉寂的特洛伊

"第三市"的发掘 072

精力充沛的学者 078

发掘梯林斯 090

历史的捍卫者

旅行中的考察 098

捍卫事实的发掘 102

末日的哀荣 112

神话与理想

童年的精彩与感伤

海因里希·谢里曼

海因里希·谢里曼是德国著名考古学家，他用铁锹和镐头挖开了传说中的那片土地，用事实向世人证明，《荷马史诗》所提到的特洛伊和迈锡尼古国是真实存在的，那是他自幼便深信不疑的事实。他的发掘成果掀开了研究古希腊历史的新篇章，并为后世的荷马考古奠定了基础。他的考古成就举世瞩目，而同样令人瞩目的，是他不断挖掘自身才能和天赋的技巧和意志。他精通18种语言，是个才华横溢、博闻强识、精于赚钱之道的学者。他富于幻想，浪漫而冲动，但却是位精明强干的实干家。

谢里曼给久久埋藏于黑暗地下的荷马时代的希腊带来曙光，他纠正了历史，也续写了历史。是什么样的经历频频激发他的生命之火？在一步步实现梦想的历程中他又是如何跨越障碍最终成功的？这些还要从他的童年生活开始说起。

　　谢里曼家族住在梅克伦堡的一个叫新布科夫的市镇。新布科夫这个小镇和德国其他地方一样，教士阶层的家庭都规矩颇多，谢里曼家族便是其中的一个典型。这个家族往上追溯三代都是牧师，谢里曼的父亲埃伦斯特·谢里曼也是其中之一，他在镇上一座新建的教堂当牧师。不过埃伦斯特娶了位受过教育、思想活跃且极富音乐天赋的镇长千金为妻，否则我们的主人公很可能在长大成人之后也顺理成章地从事神职工作了。

　　1822年1月6日，我们的主人公谢里曼出生了。就在谢里曼出生的那一年，他的父亲埃伦斯特被调到了安克斯哈根的教会。安克斯哈根是一处小村庄，谢里曼在这个村子里度过了八年。

　　埃伦斯特虽然是神职人员，但他对古代历史却具有浓厚的兴趣。他常常对谢里曼描述庞贝古城因火山爆发而被熔岩埋入地下的可怕灾难，并表示他也很想去参观意大利正着手发掘的这些古代城市的遗址。

　　从小听着父亲所讲的古代历史故事和神话传说长大的谢里曼，对那些早已在历史中沉寂的古城和废墟十分感兴趣，日渐被唤醒的想象力促使着他越来越喜欢探究神秘和怪异的事物。谢里曼曾说过："我生来就非常向往一切神秘的和奇异的东西，这种向往后来自生自长为一种真正的激情，即对那个地方（特洛伊）所揭示给世人的一切奇观都感到如痴如醉。"

安克斯哈根有着足以吸引孩童们的稀奇古怪的事物，对谢里曼来说，这个小村子是再理想不过的奇幻圣地了。这里随处都有耸人听闻的传说。如谢里曼家后面的一间小屋，传说那里经常闹鬼，而这个鬼生前是一位曾经在此处就职的牧师。又有人说，谢里曼家庭院对面那片小池塘每到半夜三更便会出现一个妙龄女鬼，手里捧着一个小银盘。

除了谢里曼家前庭屋后的亡灵以外，村长家也不能幸免，相传在村长家的庭园里，有一大片古塔的废墟，废墟底下埋藏着很多很多的宝物。而比这些宝物更加珍奇的东西则被藏在村中一座小丘上的坟墓里，传说这座坟墓里面埋葬着一个带有巨人血统的孩童，而盛放孩童尸体的是一个用金子制成的摇篮。

小小年纪的谢里曼听了这些以后完全信以为真。他见以牧师为业的父亲收入十分微薄，家中生活清苦拮据，便总忍不住地对父亲说："您为什么不去池塘那儿找女鬼要银盘，或去小山丘那儿挖金摇篮呢？这样我们就可以变成有钱人啦！"每每面对谢里曼的这些"建议"，父亲都哭笑不得。

在安克斯哈根村，有一座好几百年前修筑的古城，人们都管那里叫鬼城。传说城中曾住着一位凶暴的盗贼，他死后被埋在一座墓穴里，据说在过去好几百年间，一只穿黑袜的左脚常常从这个墓穴中伸出。村民认为这是盗贼死后化作恶鬼，想从坟墓里爬出来害人，于是便把这只脚砍掉了。可是没过多久，又有脚不断地从墓穴里长出来。村民只好不断地把它们砍掉。不过，近三四十年前以来，墓穴却不再有脚长出来了。

谢里曼认为盗贼的脚不再长出来，一定是有原因的。因此，他一再地要求父亲把墓穴挖开来看个究竟，父亲当然没有理会他。见父亲对自己的提议并未加以重视，单纯的谢里曼便自告奋勇地说："爸爸，如果您不去，那么就让我亲自动手，无论如何要探个究竟。"

城堡的石墙上面，嵌着一块陶片，其上有男人的半身浮雕。这种东西也使谢里曼觉得十分奇异。村民们认为那个浮雕的人像，就是这座古城的城主。这幅浮雕上面没有颜色，据说是因为沾上了牧牛人的鲜血，所以任何颜色都无法附着在上面。除此之外的很多其他的传说也令年幼的谢里曼深信不疑。

父亲也常常给谢里曼讲《荷马史诗》中的英雄奥德修斯和特洛伊战争的故事。每次听到这些故事时，谢里曼总会没来由地站在特洛伊这一边。当听到父亲讲到特洛伊城被毁，而且消失得无影无踪时，谢里曼心里非常难过。

谢里曼8岁那一年的圣诞节，父亲送给他一本书。那是本《儿童世界史》。这本书上面有一幅图画，画着特洛伊战争快要结束时，特洛伊城起火燃烧的场面。图上所描绘的城墙和城门，正如《荷马史诗》所形容的那样。谢里曼一看就大声地对父亲说："说特洛伊城已经不存在是骗人的话。画这张图的人一定是见过特洛伊的。要不然，他怎能画得出来呢？"

"那幅图画是凭着想象画出来的呀！"

"就算是这样，但特洛伊不会完全消失才对。一定是埋在某处石头或泥土下面了。"谢里曼很固执地坚持他的想法。

父亲安慰他说："也许你说得对，如果它真的存在，那希望有朝一日，能够由你来将它发掘出来。"

之后，谢里曼总是把特洛伊挂在嘴上，时间久了，他的那些小伙伴只要一听见谢里曼谈论特洛伊以及村子里的种种怪事，就取笑他。但有两个女孩子，她们始终仔细地聆听谢里曼的话。她们是隔壁村子里的一对姐妹，姐姐比谢里曼年长六岁，妹妹米娜跟谢里曼同龄。米娜很崇拜谢里曼，对谢里曼将来要发掘特洛伊城的梦想，她积极地赞成。

于是，幼小的谢里曼终于找到了知音，此后，他经常和米娜在一起玩。村子里为当地的儿童们开设了一个舞蹈课，于是，谢里曼和米娜便有了更多的机会可以待在一起。他们有时在对方家，有时在舞蹈课堂上，有时候则在"鬼城"。

他们常到城主人的浮雕前面瞻仰，或到城墙里的秘道以及据说是通往地下深处的洞穴入口处，恐惧而又好奇地向里窥探。有时候他们还会结伴到教会墓地去看看有没有穿黑袜子的脚长出来。

村里有个跛了一只脚的独眼人，说起话来又机智又俏皮，而且他很懂说话的技巧。人们常津津有味地听他说各种故事，当大伙被他的故事给迷住时，便会把手头要做的活计统统丢在脑后。谢里曼时常去独眼龙那里听故事，久而久之，他对神奇事物更加憧憬。

谢里曼在舞蹈方面毫无长进，不过，谢里曼和米娜经过这一阵交往，终于达成了共同的目标：等到长大以后，他们就结婚，然后合力去调查金摇篮、银盘等村中的传说，最重要的，他们要去发掘特洛伊城。

他们一致认为，把自己的一生奉献给寻求古代遗迹的工作，是件无比美好的事情。

"特洛伊并不是传说中的城市，而是真正有这么一座城市。"谢里曼从来没有放弃过这个信念；即使是长大成人后经历了多变的人生，也仍旧未改初衷。

谢里曼9岁的时候，他那有如天使般善良的母亲露易丝病逝了。大家都认为是他父亲用情不专、移情别恋，导致他的母亲最后抑郁而终。

于是，过去曾经跟谢里曼一家保持着良好关系的那些人，现在也因为与人为善的母亲的去世而不再和他们家来往了，其中便包括米娜一家。正沉浸在丧母之痛中的谢里曼，又失去了与米娜的友谊，他觉得自己从天堂被狠狠地掷入了地狱。

父亲看到儿子的沮丧模样，很为他担心。于是，他把谢里曼送到梅克伦堡的卡尔克霍斯特村去，托付给在当地做牧师的谢里曼的叔叔。谢里曼在叔叔家里待了两年。幸运的是，谢里曼在这个村子里遇到了一位非常好的老师，他是一位年轻的语言学家。谢里曼在这位老师的悉心教导下学习了一年，拉丁语大为长进，到了第二年的圣诞节，谢里曼便以拉丁文写了一篇特洛伊战争的故事，送给父亲当作礼物。在11岁那年，谢里曼进了新施特莱利茨镇上大学预科。

艰辛的求学路

进入学校后的谢里曼打算通过努力学习来淡忘自己经历的不幸，然而，不幸却又再次降临到他的身上。父亲的牧师职务被撤销了，谢里曼家破产了。谢里曼此后几年读书进大学的学费，就此没了着落。谢里曼在大学预科班只学习了三个月，就被迫转入了当地的一所商业中学。这样，一个原本极具天赋的少年就这样眼睁睁地看着梦想在眼前破灭了。

14岁那年，谢里曼毕业了，他在菲斯登堡村找到了一份杂货店学徒的工作，受雇于赫鲁兹先生。

在准备前往菲斯登堡的前一天，谢里曼又意外地遇见了米娜。五年不见，她已长大了不少，看起来很爽朗而越发漂亮。再次相见两人都高兴得热泪盈眶，他们互相拥抱了对方，曾经的情谊一下子全部回来了。

谢里曼从心底涌出了无限的力量，他对自己发誓，要尽一切努力使自己成为一个有资格娶米娜为妻的男人。同时，他也向上天虔诚地祷告，千万不要让米娜在自己成为一个堂堂男子汉之前就嫁给了别人。

在菲斯登堡的赫鲁兹商店，谢里曼工作了五年。他在杂货店里售卖鲱鱼、黄油、马铃薯、牛乳、咖啡、糖、橄榄油以及蜡烛等食品和小件的日用品，此外，还要将酿酒用的马铃薯加工磨碎，并且负责店面的清扫工作。商店的规模很小，顾客也都是一些穷人。谢里曼每天从早上5点忙到将近半夜，一刻也不得清闲。他没有属于自己的时间，想看书学习更是不可能。长期的劳累使他连小时候学的那点东西都快忘得一点不剩了。

虽然如此，但谢里曼对学习的热情从没有消失。一天傍晚，一位同样出身牧师家庭的面粉店的磨坊工醉醺醺地来到店里。此人在念书的时候因为品行不端而被勒令退学，所以只好到面粉店当学徒。感到前途暗淡的磨坊工整日借酒消愁，如今已成了酒鬼。不过，他对过去在学校读过的《荷马史诗》却牢记在心，未曾忘怀。

那天傍晚，磨坊工凭着记忆，用希腊语激情澎湃地朗诵了荷马的诗篇。谢里曼虽然听不太懂，但却被他那抑扬顿挫、婉转有致、如歌声般的朗诵打动了。他真没想到这位落魄的酒鬼竟然也对《荷马史诗》如此着迷。谢里曼的热泪忽地夺眶而出。

谢里曼听得不厌其烦，反复请他朗诵了三遍。为了表示感谢，谢里曼把口袋里的钱尽数掏出来购买店里的酒，请磨坊工开怀畅饮。从这时候起，谢里曼就下定决心地要学希腊语，但是，繁重的工作让他一刻也不能得闲。

一天，谢里曼使出全身的气力想要扛起一只沉重的箱子时，由于箱子的重量远远超出了他的承受能力，谢里曼累得吐了血，没办法再工作了。店老板辞退了谢里曼，绝望的谢里曼步行到了汉堡。在这里谢里曼又找到了工作，但是因为胸口时时作痛，不能做剧烈的工作，于是，谢里曼没干多久又被赶了出来。谢里曼很清楚，他不能再从事劳力工作了。

身无分文的谢里曼必须赚钱糊口，不管什么卑贱的工作他都愿意干。谢里曼决定去当船员，通过母亲生前的一位熟人介绍，谢里曼受雇为一艘双桅小帆船的仆役。这艘船正准备开往南美洲的委内瑞拉。

多少年来，谢里曼一直过着穷苦潦倒的生活，可是，此时的他比之前任何时候都更加困窘。为了买一条能当毛毯用的地毯，以抵御夜晚的寒冷，他不得不把身上的外衣卖掉。

1841年11月底，谢里曼受雇的这艘船从汉堡起锚开航。可是刚刚出航，风向就转变了，船还没入海，就在河中停泊了三天三夜，不能动弹。直到12月，眼看着风向渐渐转好，这才把船驶入了大海。不料，风向再度转变，船速慢得几乎等于没有航行。如此过了十多天后，海上又出现了异常凶猛的暴风雨，船只终于触礁沉没。谢里曼和船上其他几个人挤乘在一艘小型救生艇上，在巨浪滔天的大海上随波逐流了足足几个钟头，最后才被冲上了荷兰的一处海岸。这一瞬间，谢里曼在心里对自己说："是向这种工作告别的时候了。"

谢里曼和其他大难不死的船员在荷兰受到了德国领事非

常亲切、周到的照顾。他们被安排好要遣送回国，但是，谢里曼却拒绝了。谢里曼不想再回到那充满悲伤回忆的故乡。谢里曼打算在荷兰当一名士兵。除此以外，身无分文的谢里曼想不出其他谋生的手段了。

领事官员给了谢里曼乘船到阿姆斯特丹的路费，谢里曼到达了荷兰首都阿姆斯特丹时已经是冬天，他身上没有穿外衣，在寒风里冻得直发抖。而且，当士兵的愿望似乎也很难立即实现。阿姆斯特丹的德国领事虽然给了谢里曼一些钱，但只够付旅馆住宿费。

饥寒交迫的谢里曼只好佯称胸口作痛，住进了医院。这时，又是母亲在汉堡的一个朋友向谢里曼伸出了援手。他给谢里曼寄来了一封信，并汇了很多的钱。这笔钱首先被寄到了领事馆，领事就把钱交给了谢里曼，同时介绍给谢里曼一份事务所的工作。谢里曼的新工作是在票据上签名并兑领现款，拿信件到邮局去投寄，并且把收到的信件带回来等。工作非常简单，而且可供自由支配的时间多的是。

谢里曼觉得自己到了天堂。他首先练习写字，然后再学习实用文的写作。虽然年薪不算少，但谢里曼将其中一半用于读书，另外一半充作生活费，因此过得十分拮据。

谢里曼寄宿的房间是一处简陋的小阁楼，屋里没有暖炉，冬天寒冷彻骨，夏天则闷热得像烤炉，但房租却是每月8个荷兰盾。谢里曼早餐只吃麦片煮的稀饭，午餐是自己规定不能超过16芬尼的廉价伙食。但是谢里曼有一种想法，他认为只要自己肯努力,生活一定会改善。在这种信念的支撑下,谢里曼拼命地读书。想到将来和米娜结婚,并且要实现两人的梦想,他心中就涌出了莫大的勇气。

谢里曼已经开始学英语,并总结出了一种学习外语的最佳方法。这方法很简单,就是把英语一遍又一遍地念出声来,其次是绝不可译成本国的语言,同时,每天必须要写一小时的作文,并在得到老师的修改后,次日再将这篇作文背诵下来。谢里曼的记忆力本来并不太好,为了早日学好英语会话,他每逢周日就到英国人的教堂去听布道,一边听,一边小声模仿。不论何时、何地,谢里曼都手不释卷,有什么就背什么,即使在邮局等候信件的时候,他也不浪费时间。

这样努力了三个月,谢里曼已经能够把长达 20 页的英文讲义全部背出来。之后,谢里曼又用同样的方法把一整部英国历史小说记到脑子里。当谢里曼半夜醒来,无法再入睡时,便把傍晚念过的文章再拿出来念一遍。由此,谢里曼发现晚上要比白天更适合于记忆。就这样学习了半年,谢里曼已经能说一口流利的英语了。

接着,谢里曼又用同样的方法学习法语,在半年之内,他就可以熟练地用法语进行交流了。之后,荷兰语、西班牙语、意大利语和葡萄牙语也依次地学成了。

来到荷兰的第二年,谢里曼的身体已完全恢复了健康。不过,由于他在学习上投入了极大的精力,工作就难免会有所疏漏。在事务所,谢里曼被认为是一个"没有用"的人。

1844 年 3 月，谢里曼通过朋友的引荐，受雇于阿姆斯特丹的 B.H. 施罗德事务所。这家事务所正需要一位通信员和簿记员，当他们得知谢里曼懂七种语言时，十分惊讶，于是在当初约定的薪水之上，又加了一部分。谢里曼的运气似乎正在开始好转。

已经掌握了七种语言的谢里曼还想要学习俄语。但是他所在的这个城市里连本像样的俄文书都找不到，更别提懂俄语的老师了。最后，谢里曼只得靠自修了。他好不容易买到了一本陈旧的俄文语法书，便开始学习起俄语的发音来。

谢里曼还是想用自己之前发明的老方法来练习作文和背诵，但因为没有老师指点，原来的方法行不通。于是，谢里曼以每周四法郎为报酬，雇了一位贫穷的犹太人，要他每天花两小时来聆听谢里曼背诵的俄文。

荷兰的房子大都是单层的木板，谢里曼在阁楼上说话的声音，住在楼下的人都听得清清楚楚，于是其他房客们频频地向房东提出抗议。在学习俄语的期间，谢里曼不得不两次搬家。六个月以后，谢里曼的俄文终于学出了成绩，他能用俄文写信了。当时有个俄国商人来到了阿姆斯特丹，谢里曼的俄语正好派上了用场。

因为谢里曼懂俄语，1846 年 1 月，他被施罗德事务所委以重任，以事务所代理人的身份前往俄国任职。到了俄国首都圣彼得堡之后，仅用了短短三四个月时间，谢里曼就谈妥了一宗大交易。谢里曼已经成了施罗德事务所不可或缺的重要人物。

现在，谢里曼是真正地长大成人了，他觉得自己已经具备实现理想的资质了。于是，他马上写信给德国的朋友，托他代替自己向米娜求婚。过了一个月后，对方有了回复，说米娜刚刚在三四天前嫁给了别人。

幼时同米娜携手共游的情景一幕幕地在谢里曼的脑中回放，两人信誓旦旦地要实现伟大的梦想的誓言句句萦绕在心。如今，这些都成为破灭的梦幻，只剩苦涩的记忆仍然残存。没有了米娜，要实现梦想简直是不可能的。

一直以来支撑着自己努力前进的动力瞬间消失了，谢里曼的震惊和失望简直无法形容。嫁给了另外一个人，米娜会幸福吗？谢里曼不能接受米娜从他的生活中彻底消失的事实。他非常后悔没有在来圣彼得堡之前就向米娜求婚。他变得失魂落魄，再也提不起精神来工作，很快，他就病倒了。

转危为安

寂寞和悲哀使谢里曼陷入了极度的消沉中，谢里曼几乎已经失去了生活的动力。然而，时间不啻为一帖治愈悲伤的良药。日子一天天地过去，谢里曼内心的创痛也慢慢地减轻了。谢里曼重新振作精神，拼命地工作起来。

因为来到圣彼得堡的头一年，谢里曼就做出了很大的成绩，事务所还给了谢里曼一个荣誉头衔。在往后的十几年时间里，谢里曼跟阿姆斯特丹的施罗德事务所一直保持着密切关系。

原先在阿姆斯特丹时，谢里曼所经办的货品是蓝靛染料，因此，谢里曼对蓝靛染料的生意很了解。来到俄国，谢里曼便也把蓝靛染料这项生意做了起来。

谢里曼的弟弟路易斯曾去美国加利福尼亚淘金。但他这一去便杳无音讯。谢里曼不放心，便一直通过各种渠道寻访弟弟路易斯。可是，他最后得到的竟是一则噩耗——路易斯因患斑疹伤寒去世了。

1850 年，谢里曼怀着沉重的心情搭上了一艘开往美洲的轮船，去探望长眠于加利福尼亚的路易斯。

当时的美国政府正式接受了在该地建州的要求，而当时所有在加利福尼亚的人也都一律被视为美国人。恰逢其时的谢里曼也就顺理成章地成了一名美国公民。

1852 年，谢里曼结婚了。他的妻子名叫卡塔琳娜，是位俄国姑娘。从当时谢里曼写给姐姐的一封信中，可以看出他对自己的妻子很满意。

感谢上帝，我已经结婚五天了，我保证尽力在每件事上都让我的妻子快乐。事实上，她应该拥有快乐，因为她是那样善良、单纯、聪明和敏感，我对她的尊重与日俱增……为了她，我将所有的屋子都极尽奢华地装饰一新，光是家具就花了 1000 卢布。

卡塔琳娜既不漂亮也不富有，唯一吸引谢里曼的，是她出身良好的家庭，而这个所谓的"良好的家庭"，不过是因为她的一个兄弟是一位王子的家庭教师，但这一事实足以吸引谢里曼了。卡塔琳娜希望能够享受舒适及平静如水的生活，而这一点，充满幻想与冒险精神的谢里曼是永远无法满足她的。于是，他们的婚姻刚过了两年，便出现了危机。

1854 年 10 月 4 日，谢里曼永远也忘不了这一天。说来很奇怪，赐予他各种磨难的上帝似乎也一直在庇护着他。每每在谢里曼身上发生毁灭性的大灾难时，他总能死里逃生。

时值克里米亚战争的动乱时期。俄国与土耳其、英国为敌，在克里米亚半岛上进行激烈的战争。俄国的任何一处港口都不允许船只进入。可是要把战争物资从欧洲各国运到俄国就非得利用船只不可。为了困住俄国，英国命其军舰对俄国港口进行封锁，只要有船只企图闯入，就立刻击沉。这样一来，从荷兰运往圣彼得堡的货物，只好先用船运到邻近俄国领土的德国港口，再用驿马车转运到圣彼得堡去。于是，德国的科尼契堡和梅默尔等港口，就变成了转运站。

当时，谢里曼的事务所有一批货要从阿姆斯特丹起运，其中包括数百箱蓝靛染料和其他许许多多的货品。这批货在阿姆斯特丹被装上两艘货船后，先被运到梅默尔港。谢里曼为了这件事情，特地从俄国赶到了阿姆斯特丹，参与蓝靛的竞标。然后又乘着一艘小客轮折往德国，以便安排卸货和雇用马车等事宜。

事发前日的深夜，谢里曼到了科尼契堡。他在那里投宿了一晚。第二天，他乘了马车，匆匆忙忙地赶往梅默尔去。在途中，谢里曼忽然听到了一个可怕的消息：梅默尔前一天发生了一场大火，整个街市都被烧光了。谢里曼的心猛地跳了一下：那些存放在梅默尔的货物怎么办？

谢里曼第一时间赶到了梅默尔。这里的街市都已被烧成了废墟，满目凄凉，惨不忍睹。有好多烧焦了的断垣残壁和烟囱，黑黝黝地耸立在那里，像是一座座巨大的荒坟，这个曾经繁盛而美丽的城市，现在已如同鬼城一般。

谢里曼在坍毁了的房屋之间，来来去去地搜寻那位替他包办货物转运工作的麦耶尔事务所的办事员。最后，谢里曼终于找到了他。

"老兄，我的那批货物怎么样了？"

麦耶尔看了看谢里曼，伸手指了一下还在那里冒烟的仓库，说了句："埋在下面！"

谢里曼听后，眼前发黑，几乎晕倒在地。在过去的几年里，他没日没夜地工作，好不容易积下了 15 万塔勒的财产。可是，顷刻间，这一切都化为乌有了。不过，当谢里曼想到自己已经一无所有时，心里反而了无牵挂地泰然起来。

世上的人，即使是生意做得很大，也都免不了要借钱。他们向银行借来的钱，往往比自己所拥有的财产要多上好几倍，谢里曼虽然变成了穷光蛋，但是还没有向任何人借过钱，想到这一点，谢里曼的胸中又充满了豪气。

自从克里米亚战争爆发以后，谢里曼每次跟人交易，都一定要以现款付账。因为谢里曼担心战争一旦加剧，银行也不太靠得住，所以尽量少跟银行打交道。

次日傍晚，谢里曼在开往圣彼得堡的驿马车车站里一面等候马车，一面跟同行的旅客讲述着自己的不幸。这时突然冲进来一个人，嘴里呼喊着谢里曼的名字。

"有什么事情吗？我就是谢里曼。"

"您真的是谢里曼先生？这实在是太好了。"来者激动地说，"我是麦耶尔事务所的职员，是特地赶来告诉您好消息的。您的那批货物并没有被烧掉！那一天载运这批货物的船到岸时，麦耶尔仓库已经满了，所以我们就在旁边盖了个临时的小仓库，您的货物现在都安然无恙地堆在那里呢！"

谢里曼一下子从悲苦的深渊跃上了快乐的巅峰。只不过一眨眼的工夫，命运就完全改变了。谢里曼茫茫然呆立了好一阵子，一句话也说不出来。在一切东西都被摧毁成灰烬的浩劫中，只有谢里曼一个人的货物能够幸免于难，这简直令他难以置信。

然而，那人所说的话却是千真万确的。这场大火，最初是起自麦耶尔事务所的仓库，当时正好刮着强劲的北风，火势一发不可收拾，很快就蔓延全市。至于这个临时修建的小仓库，因为它位于仓库的北面，火舌顺着北风往南面侵袭，所以虽然距离仓库咫尺之遥，却躲过了这次之灾。谢里曼还真受命运之神眷顾呢！

那些幸免于难的货物，除了蓝靛染料之外，还有很多涂料、硝石、硫黄、铅等。谢里曼把这些东西运到圣彼得堡去出售，赚了很多钱。在短短一年之内，他的财产又增加了一倍。

回到圣彼得堡之后，谢里曼为了扩展蓝靛染料的生意，在莫斯科开设了分店，并聘请了俄籍经理，将分店的业务交给他去经营。但是，谢里曼还是忙得不可开交，丝毫也闲不下来。他脑子里一直惦记着要继续未完成的外语进修计划，却始终抽不出时间来。直到1854年，才勉强有了一点属于自己的时间，谢里曼立刻开始瑞典语和波兰语的进修。

远离俗务的旅行

从少年时代起，谢里曼就一直想要学习希腊语言。随着岁月的流逝，这个愿望在谢里曼的心中却越来越强烈。但谢里曼对希腊语的求知欲太强烈了，他知道，如果一旦开始学习，必然会荒废了事业。于是，谢里曼决定在克里米亚战争未结束以前暂时不去想这件事情。

"但愿和平早日到来。"谢里曼在心中不停地祈祷着。

上帝似乎听到了谢里曼的祈祷。1856年，克里米亚战争结束了。当和平来临的消息传到圣彼得堡时，谢里曼首先想到的不是庆祝，而是自己终于可以学习希腊语了。于是，他就像饥饿了很久的人终于得到了食物似的，疯狂地投入到希腊语的学习中去。

谢里曼先后找了两位希腊籍的老师，并严格遵照自己所设计的学习外语的方法来进行学习。希腊语看起来似乎比俄语难得多，但是谢里曼决计想办法早日攻克它。谢里曼找到了一本法国著名小说的希腊语译本，他早已把这本小说背得滚瓜烂熟。在他读第一遍时，就大略可以猜出希腊语的哪一句对应法语的哪一句。读到第二遍时，他差不多已经完全掌握了，从头到尾没有翻过一次字典。

谢里曼在半年之内就把难懂的希腊语攻克了。可是，他学到的是现代的希腊语。下一步，谢里曼又再接再厉，开始学习古希腊语。又花了三个月的时间，谢里曼才看了若干古希腊的戏剧和诗歌，不久以后，他就可以探究《荷马史诗》的奥妙了。

就这样学习了大约两年的时间，谢里曼下了苦功去研读古代希腊的文学作品。凡属古代作家的作品，谢里曼大多数都有涉猎，尤其是《荷马史诗》中的《伊利亚特》和《奥德赛》两篇，更不知被他翻了多少遍。

谢里曼就这样学好了希腊语，但是对于文法，他向来不过于深究。谢里曼觉得把宝贵的时间花在研究文法上，实在是一种浪费。而当时的学生在高中毕业之前，有八年的时间要饱受希腊语文法之苦。等到他们熬出头了，真正用希腊文写起文章来，却还是错漏百出。谢里曼认为学校的教法存在弊端。

依谢里曼的经验来看，要学习希腊文法，最好的方法就是研读古代名作。而且，要把重要的部分背下来。他就是利用这种最简单的方法，轻而易举地学会了古代希腊语，就跟学现代希腊语一样轻松。谢里曼可以随心所欲地运用希腊语来书写和交流。虽然谢里曼不知道文法书上面究竟是怎样写的，但是他的希腊语绝对是合乎文法的。

如果被人评论说文章写得不对，谢里曼也不会感到惊慌。因为他的写法是根据古籍和名著而来，他可以随意背诵一段古代作家的名文给那些认为他文法错误的人听。在谢里曼写给姐姐的一封信中，可以了解到当时他学习希腊语的情况：

> 我的消遣就是学习语言，这是我所热衷的。在工作日，我不停地在事务所中奔忙，而在周日，我从早到晚研读索福克勒斯，并把他的作品译成希腊文。

虽然谢里曼这样热衷于希腊语，但他对待工作依然严谨。因此，他在圣彼得堡和莫斯科的生意一直很顺利。当克里米亚战争结束后，严重的经济不景气接踵而来，有很多事务所和商店都倒闭了。谢里曼也蒙受了很大的损失，不过，生意多少还是有些利润可图的。

谢里曼少年时期曾接受过拉丁文的教育，到了1858年的夏天，谢里曼又心血来潮，想再回头重修拉丁文。好在圣彼得堡有位来自德国的学者，具有极高的拉丁文造诣，谢里曼便跟随他学习拉丁文。

此时谢里曼距离最早学习拉丁文已经 25 年了，但因为他有希腊语的基础，所以学起拉丁文来并不觉得十分吃力。就像学习希腊语一样，没过多久，谢里曼就可以用拉丁文交流了。

学习期间，他对拉丁文老师要求极为严格，他时常在所做的功课中夹杂对老师的责问：

> 昨天你为何没来？我整整一个星期都在超负荷地工作，只有在周日才能好好做功课。如果再发生这样的事情，我就要另请一位老师了……昨天你又让我等，小心别再让我看见你，不然我会把你扔出去……你是个下流坯和盗贼，你拿走了我的希腊文报纸就再没还给我……

这位可怜的拉丁文老师面对这些夹杂着责骂的功课也只能一一批阅。

谢里曼的财产一天比一天多，他曾多次想过要放弃工作：

> 我当然不会在乎突然间失去我在大火、破产及存货事件那年所赚来的钱。一旦我弥补了生意上的损失

后，我要去希腊，那里的哲学、建筑足以占据我的生活，
使我从中受益终身。

可自从产生了要放弃工作的这个念头以后，他一次次地
被诱惑回头。就这样，他又继续做了 10 年的商人。在他写
给姐姐的信中，可以看到谢里曼对生意既厌恶又迷恋：

想起曾经打算放弃经商，我就禁不住觉得好笑。
我就像下了大赌注的赌徒，看见赢得的赌金摆在眼前，
怎么可能就此离开赌桌呢？

并且 1858 年，谢里曼已经赚了不少钱，攒下了一大笔
财产，他觉得用不着再为生意奔忙了，不如趁早把生意收起
来。谢里曼感觉到，实现伟大梦想的时刻快要到了。

于是，谢里曼毅然抛开了俗务，动身前往瑞典、丹麦、
德国、意大利和埃及旅行。这次旅行使他身心获得了无比的
舒畅。

谢里曼第一次游历了东方。在埃及，谢里曼游览了尼罗
河的第二瀑布。如同幼年时期那样，一股强烈的思古幽情又
涌上了心头。在这次旅行途中，谢里曼用老方法学了阿拉伯
语。尼罗河之旅归来不久，谢里曼又从开罗越过沙漠到了耶
路撒冷。接着，谢里曼又到叙利亚等地转了一圈。

到过叙利亚以后，谢里曼又先后到过了斯米尔那、塞克

拉德和雅典。1859年夏天，当谢里曼正准备访问荷马的故乡的时候，却染上了疟疾，发起了高烧。而且与此同时，又发生了一件令人十分不愉快的事情。先是在谢里曼出国旅行之前，圣彼得堡的一位与谢里曼有业务往来的商人宣告破产。谢里曼有一笔巨额贷款在他那里，这下收不回来了。后来他们达成了协议，对方答应在四年之内分期偿还。但是，根据圣彼得堡的来信，对方不仅未曾偿还过分文，反而向法院告了谢里曼一状。

谢里曼此时身患恶疾，苦不堪言，但却也不能放任圣彼得堡的事务不管。他闻讯后，立刻赶回圣彼得堡去处理这件事。不过谢里曼一回到寒凉、舒适的圣彼得堡，高烧便退了，痊愈后，谢里曼心情顿时明朗了许多。后来，他的官司也打赢了。

可是对方并不放弃，竟然又向最高法院提起了上诉。当时圣彼得堡的最高法院，不管是什么官司，一打就是三四年，而且还规定不能委托代理人，必须由当事人亲自出庭。本来谢里曼打算脱离商界去追求自己的梦想，可偏偏碰上这样的事情。既然还得在圣彼得堡待上三四年之久，生意也就只好继续做下去了。

在重返商界之后，谢里曼一反以前那种小心谨慎的作风，开始放手大干起来。他继续做蓝靛染料的生意，并开始做大宗的棉花、茶叶和橄榄油生意。据谢里曼自己的计算，从1860年5月到10月的半年间，他所进口的货物达到1000万马克。正好这时，美国南北战争爆发了，出产棉花的南方一带港口无法再进出船只。由于美国棉花的供应突告中断，欧洲的棉花和棉纱市价急剧上扬，谢里曼趁机又赚了一大笔钱。

当棉纱的价格涨到最高峰时，谢里曼停止了这项交易，开始做茶叶的买卖。茶叶是从印度装船运来的。谢里曼当时认为棉纱的市价不久会下跌，这样一来就必然会大蚀其本。其实，谢里曼的想法是对的。

不料，1862年的冬天，邻国波兰发生了革命，第二年又演变成内乱，波兰全国陷入极端混乱的状态。当时一些精明的犹太商人认为有机可乘，便把大量的茶叶走私了进来。因为他们的茶叶是没有缴纳关税的，所以谢里曼那些缴纳了高额关税的进口茶叶在价格上根本无法与之竞争。谢里曼只好停止茶叶的交易，并忍痛将仓库里的6000箱存货以接近成本的价格售出。

经过了这次挫折以后，谢里曼的运气又开始好转，金钱像雨点一样洒向他。短短一年时间，谢里曼的财产比以前又增加了很多。凭着这些财产，谢里曼似乎可以随心所欲地去实现从儿时就一直憧憬的梦想。

30年前，谢里曼曾经对父亲和米娜说过："有朝一日，我要让埋藏于地下的特洛伊城重见天日。"当时的情景，至今仍历历在目，谢里曼虽然已经成了一名商人，并且为了赚钱而终日埋头苦干，但是，赚钱并不是谢里曼的最终目的，他只是把它当作实现自己的梦想的阶梯而已。

官司拖拖拉拉地进行了几年后终于有了定论——谢里曼胜诉。恼人的事务至此完全了断了。谢里曼立即抛开了一切商务，继续他尚未完成的旅行。在还没有开始这项重大工作之前，谢里曼希望多看看这个世界。

1864 年，谢里曼前往非洲的突尼斯，目的是要参观古时候在此地兴盛一时的迦太基遗址。然后由埃及经印度而至锡兰岛、加尔各答、安哥拉、德里、喜马拉雅等地。接着转往新加坡、爪哇岛和西贡，由香港一路北上到达北京，并在中国逗留了两个月，参观了世界最长的城墙——万里长城。

经过这一趟在亚洲各地巡访古代历史陈迹的旅行之后，谢里曼的梦想越来越膨胀，而且也越发坚实起来。游过了中国，谢里曼渡海来到日本的横滨和江户，然后乘英国船横渡太平洋，到达美国西岸的旧金山。那时候的轮船渡过太平洋要花 50 天的时间。为了排遣旅途的寂寞，谢里曼在船上着手撰写一篇名为《中国与日本》的游记。这本游记是在谢里曼回到欧洲以后出版的。

旅行结束之后，谢里曼决定不回德国或俄国，而在法国的巴黎择址定居。也许是因为巴黎是比较适合于研究考古学的地方吧。

探寻泥土下的文化

奥德修斯之城

谢里曼对古代事物的兴趣自小就已经萌芽了。从那个时候起，谢里曼的心里始终怀着梦想；可是当时谢里曼连生计都成问题，更别提发掘古迹所需要的大量金钱了。为了得到钱，谢里曼拼命地工作，现在，他终于有能力把幼时的梦想付诸现实了。

当谢里曼还只是一个孩子的时候，《荷马史诗》中那些生龙活虎的英雄们就使谢里曼着迷。这个古代故事令谢里曼醉心的程度是无法用语言来形容的。"那些英雄们曾经活跃过的土地，那些悲壮的故事所上演过的土地，我一定要去那里做详细的勘查，把那段历史从地下挖掘出来！"

1868 年 7 月，谢里曼向梦想中的土地进发。谢里曼第一次踏上荷马的故乡伊萨卡时，这里的气温高达 52 摄氏度。谢里曼却不惧高温，在这里做了一番彻底的调查。

伊萨卡岛上有一座名叫厄托斯的山，山顶上有一道古代城墙围绕着。岛民们都相信这座城堡是属于《荷马史诗》中《奥德赛》的主人公奥德修斯的。谢里曼来到伊萨卡岛后，就在这里进行发掘。

厄托斯山的山顶很平坦，上面遍布着大石头，发掘起来非常困难。谢里曼发现有些地方长着一簇簇低矮的灌木，他料定这些灌木必是在两块石头夹缝中的土壤里长出来的。于是，他开始在有灌木生长的地方施以斧凿。

盛夏的太阳照在头上，非常灼热。喉咙干得像着了火，可是身边没有水也没有酒。谢里曼硬着头皮极力地忍受着痛苦。然而，一想到自己此刻正站在奥德修斯的城堡上面，谢里曼心头就涌上了一股强烈的兴奋和冲动，把焦渴都抛到了脑后。累了，谢里曼就翻开《奥德赛》诗篇中描写着的自己所在的这片土地，大声诵读。厄托斯山四周的景色蔚为壮观，谢里曼觉得世界上再也没有比这里更美丽的地方了。谢里曼读着诗中激动人心的章节，不禁为眼前的一片壮丽所震撼。

第二天，凌晨五点，谢里曼就带着几名工人，向厄托斯山走去。当他们爬上山顶时已经快 10 点了，谢里曼和工人们都早已汗流浃背。

他们立刻开始工作。首先，谢里曼先派工人去拔草，然后叫他们去东北角处挖掘。依照《奥德赛》所写，在那个角落里有一棵漂亮的橄榄树。据说，奥德修斯曾用这棵树打造了婚床，并且在那里建了一间卧房。

然而，从东北角的地下挖出来的，不过是一些破瓦和陶器的碎片而已，别无他物。工人们才挖下去没多深，就碰到了岩石，这些岩石上面有很多裂缝，也许是橄榄树的树根蔓延而侵入到岩石的裂罅中去了。看情形，这里大概不会出现有价值的东西了。

后来在该处的紧邻，谢里曼发现了两块确属人工切成的方石。这无疑是用来砌筑城墙的石头。于是，谢里曼又试着挖掘这个地方。工人们满头大汗地工作了约莫三个小时，结果，出土的是石造小屋靠近地基的部分。那些石头不但被切割得很整齐，而且石头与石头之间用白色水泥加以黏合。据推测，这并不是属于古代希腊时期的，而是属于后来的罗马时代。

当工人在进行挖掘时，谢里曼抽空对整个城址从头到尾仔细地巡视了一遍。他看到一种末端稍呈弧状的大石头，就用小刀将黏在石头上的泥土刮了下来，看它究竟是什么东西。这块石头似乎是半圆形物体。谢里曼一时兴起，就继续用小刀刮着石头周围的泥土。刮到最后才发现，这是由小石块整齐地堆砌而成的，好像是一种小型石墙。

圆形物体里头的泥土，像是干涸了的灰泥，十分坚硬。土中用白色类似骨灰的东西加以黏合。谢里曼手中的小刀已经派不上用场了。接着，他改用锄头来挖。挖到 4 英尺深时，他敲碎了一只美丽的瓶子，里面装着疑是人类骨灰的物质。谢里曼更加小心地继续挖着，结果接连掘出了 20 只形状很奇异的壶，它们埋在泥土中，有的横放，有的直立。这儿的土质很硬，而且谢里曼又没有使用适当的工具，所以大多数的瓶子被挖坏了。不过幸而有五只还算完整。这五只小壶之中，有两只出土时绘有美丽的彩画，但是被阳光一晒，彩画很快就褪了色而消失不见了。

这儿原来是某一家族的墓地。除了骨灰罐之外，谢里曼还掘出生了锈的小刀，吹奏着笛子的女神陶俑、铁制的刀片、山猪的牙以及兽类的小骨片等。

谢里曼不能断定这些究竟是哪个年代的物品，骨灰罐却比意大利等地所发现的骨灰罐还要古老得多。假设这座城堡是奥德修斯的，那么，五只骨灰罐之中说不定有一只装的就是这位英雄的骨灰，也许还有奥德修斯妻子的骨灰呢，至少也是属于这两人的子孙所有，这一点大概没有什么疑问。

那四名工人起劲地挖着最初谢里曼所发现的石造小屋，而谢里曼则把圆形坟墓全部挖了出来。这两处的出土物，后者要比前者来得更珍贵。

到中午了。打从早晨起，谢里曼和工人们一直未曾进食，大家都感到疲惫不堪。在一处山坡上，一株橄榄树展露着绿油油的枝叶，在地面上投下了阴影。谢里曼就和工人们在树荫下用餐。虽然只有干面包、葡萄酒和水，而且水早已不再清凉了，但是，这顿饭却吃得格外津津有味。试想一下，在《荷马史诗》中英雄奥德修斯的城垣品着伊萨卡著名的美酒，世上还有比这更棒的事情吗？在谢里曼这一生中，再没有哪顿珍馐能像这一天在奥德修斯城址上吃过的这顿简陋的午餐那样值得回味的了。

吃过饭以后，工人们休息了一会儿。谢里曼则独自带了柴刀沿着城墙内侧四处走动，想看看那里会不会有惊人的发现。谢里曼仔细地勘察了一块地方，他觉得这里很像是宫殿的所在。谢里曼在所有他认为能挖出东西的地方都做了记号，回头好让工人去发掘。

工人们又开始工作。进行了一下午，没有任何发现。谢里曼毫不气馁地说："好了，明天再来吧！"大伙把工具留在原地，下山去了。

不只是这座城堡的遗迹，整个伊萨卡岛谢里曼都走遍了。他发现这座岛的地形和《奥德赛》诗篇所描述的一模一样。

奥德修斯经长年漂泊后，回到家来，首先找到了名叫尤迈俄斯的家畜看守人，向他探问 20 年来的种种情形。谢里曼认定尤迈俄斯所看管的畜栏是在城墙内侧的。

此外，当奥德修斯回来时，有人趁他熟睡时，用毛毯把他裹起来，然后抱上了船，送到一个山洞的洞口。传说那里住着美人鱼。谢里曼在厄托斯山的海岸边，找到了极似那山洞的钟乳洞。

奥德修斯的父亲拉厄耳忒斯，却住在城外，从事耕种。关于拉厄耳忒斯农场的情形，谢里曼有如下的描述：

我们不久就到了农场的遗址，休息了一阵子。我走到树荫下，翻开《奥德赛》诗篇，阅读与农场有关联的部分。

位于希腊东侧海上的伊萨卡岛，很少有外国人的踪影。我的拜访可以说是一大新闻。因此，当我开始翻书时，村民们就纷纷围拢过来。他们冲着我问这问那。我并不逐个儿去答复他们的询问，而是放开嗓门诵读诗句。

优美的荷马诗篇紧紧地抓住了村民们的心。就在我们所聚集的这块地方，远在3000年之前，已经上了年纪的拉厄耳忒斯和倦游归来的奥德修斯见了面。满以为已经死去的儿子，忽然活着回来了。父子两人久别重逢，紧紧拥抱在一起。

村民们倾耳聆听着我的朗诵，时而发出感叹的声音。他们的眼眶中噙着感动的眼泪。当我读完这段后，他们都异口同声地说："谢谢您，先生！""感谢您让我们知道我们是英雄的后代！""我从来没有这样感动过啊！"

村民们不论男女老幼，都上前拥抱了我，并且不容分说地硬把我往村子里拖。大家都争着要请我吃饭。我给他们钱，他们也不收，甚至抓住我的手不放。我只得说："谢谢各位的好意，我会再来的，我保证一定会来。今天还是让我回去吧！"经我这么一说，他们才让我离开了村子。

年逾40的谢里曼，就在这种感激的心情下巡历了《荷马史诗》的故乡。当他的双脚踏在故事发生的地点时，3000年前的情景又历历呈现眼前。

在一个明日当空的正午，他又来到了一个村子。听说谢里曼要来，村民们竟列队欢迎，以示隆重。村民们在村外很远的地方等着谢里曼，七嘴八舌地向谢里曼表示他们的兴奋和荣耀。谢里曼一定要跟所有的人都一一握过手后，他们才感到满意。

谢里曼本不打算在这个村子逗留的，但是，村民们一再恳求谢里曼念《奥德赛》给他们听："我们为了要听这个，在这里等了很久啦！"

谢里曼被他们的热忱打动，终于答应留下来为他们朗诵。村子的正中央有小小的广场，一棵大树在那儿遮成了绿荫。谢里曼要村民们围着自己坐在树荫下。这次谢里曼朗读的是奥德修斯的妻子佩涅洛佩与他分别了20年后还是痴痴地等待着丈夫回来，最后，她终于和丈夫团圆的情景。

这一段故事，过去谢里曼不知读了多少遍。每次读后，还是感动不已。村民们也是一样。那优美、高雅、激情的文字，打动了每一个村民的心。大家都不禁为这对恋人流下同情之泪。

朗读既毕，村民们要谢里曼留下来。他们热切地希望谢里曼能留到第二天，好多给他们讲些有趣的故事。面对着这些善良的村民，谢里曼心里实在难以拒绝，但是他还有重要的事情要办。于是谢里曼极力婉辞，并向他们说明了缘由。

好不容易才说服了村民们，谢里曼总算可以走了。不过，在临别之前，谢里曼还要同他们一起欢饮葡萄酒，互相干杯，并且跟每一个人吻别。

这一期间，谢里曼收获颇丰。他不仅开始去实现自己的理想，还出版了一本《伊萨卡、伯罗奔尼撒半岛和特洛伊》，同时，他还获得了博士学位。但是，就在谢里曼逐步实现自己的理想的时候，他的妻子卡塔琳娜提出了离婚。

为历史纠错

离婚之后的谢里曼开始物色起新的妻子人选，于是，索菲娅走进了他的生活。索菲娅和谢里曼一样，喜欢一切浪漫、幻想的东西。1869 年，谢里曼娶了比自己整整小 30 岁的索菲娅为妻。从蜜月中谢里曼写给家人的信中可以看出，他十分珍爱自己的小妻子：

> 索菲娅真是个了不起的妻子，她像所有的希腊女人一样，能使任何一个男人幸福。她对丈夫有种神圣的敬重之情，她把我当作希腊人一样热爱。我也很爱她。我只用希腊语同她说话，因为那是世界上最美的语言，是诸神的语言。

谢里曼和索菲娅

看得出，谢里曼需要女人的崇拜甚于爱情。

继伊萨卡岛之后，谢里曼来到了传说中的迈锡尼和梯林斯两城的城址所在。迈锡尼和梯林斯都是古希腊时代最繁荣的城市。迈锡尼人自古以来就相信特洛伊战争当时的大王阿伽门农之墓就在这个城市里。大约在1800年以前，罗马的一位旅行家曾到过迈锡尼，他认为这座王墓可能是在城墙内围之中。当谢里曼站在城门的石雕狮像前面时，他也觉得当时这位旅行家的想法是正确的。

城墙内的狭小区域里，说不定埋藏着古代的种种文物，以及迈锡尼文明盛世的宝藏。如果这些东西被发掘出来，古代希腊的繁荣状况更可以被人充分了解了。然而，更强烈地吸引着谢里曼的是《伊利亚特》和《奥德赛》这两篇《荷马史诗》中所提到的土地。

谢里曼决定前往《荷马史诗》中最引人向往的地方——特洛伊。他乘船经爱琴海东行而至君士坦丁堡，在此换乘小船，由达达尼尔海峡往回走。

当时学者和一般人都认为，昔日的特洛伊城在现在名叫布纳尔巴什的村子里一座险峻的山丘上。正好在这座山丘旁边有一条河往西北方向流过。为什么这座山丘被认为是特洛伊呢？因为有一位法国学者曾说："《荷马史诗》中提到特洛伊的女人汲泉洗衣，而此地正好有泉，很可能就是荷马所指的那个古泉。"

此外，还有一位德国将军认为这座山是有利于防守的天险，并且山丘上有过城堡和街市。这是军人式的有趣的想法。但事实上，他们的推论都错了。

谢里曼从海滨市镇走到布纳尔巴什村，对《荷马史诗》了如指掌的谢里曼一眼就看出布纳尔巴什绝不是特洛伊的所在。

谢里曼认为，《荷马史诗》中所叙述的特洛伊离海边不会太远。特洛伊城的位置，应该是在比布纳尔巴什更靠近海岸的地方。同时，谢里曼觉得特洛伊不可能在这样地势陡峭的小山上。他的理论在《伊萨卡、伯罗奔尼撒半岛和特洛伊》中曾清楚地解释过：

> 若想掘出特洛伊王普里阿摩斯的城堡，就得先把倾覆在上面的后世建筑物废墟全部清除才行。但是，即使把这些废墟挖走，把土堆铲除了，山上应该还是很宽敞才对。从伊萨卡岛的奥德修斯城、梯林斯宫殿和迈锡尼城等遗迹，我们可以知道《荷马史诗》所歌咏的英雄时代，建筑物都是非常雄伟的。在特洛伊山

上，不是也有成排的巨大建筑物吗？所以说，山上绝不会是狭小的了。

当然，谢里曼也不是单单看了布纳尔巴什的地形外貌就对布纳尔巴什产生怀疑。他也拿着锄头，对该地进行过详细的考察。布纳尔巴什的山丘上残留着一堵小城墙，但说它是石垣倒来得恰当些。谢里曼把石垣内外都挖过了，可是什么东西都没有发现。那雄伟堂皇的特洛伊城和市街，会是在这种地方吗？

考察期间，谢里曼投宿在村子里的一家肮脏的小旅店。虽然这一带如同沙漠一般荒凉，可晚上睡觉时，蛇虫鼠蚁都爬了出来，令人无法入眠。谢里曼只好到外面搭起帐篷露宿。

经过一段艰苦的考察，谢里曼发现自己的推测果然是对的，布纳尔巴什经证实并非特洛伊的所在。同时，谢里曼将目标锁定在一处距海岸仅一小时路程的一处叫作希撒利克的低矮山丘。此处与《荷马史诗》所描述的特洛伊最为相似。谢里曼曾在书中这样写道：

不论是谁，一旦踏进特洛伊平原，亲眼看到那美丽的希撒利克山丘时，必然会为之吃惊。要想建造一个有城寨的大城市，实在没有比它更好、更理想的地方了。无论是谁，如果有需要建造城市、建造城堡，那么，他首先必定会选择这个山丘。虽然这里地势低矮，但是只要在山顶围上坚实的城墙，就可以俯瞰整个特洛伊平原。比这更好的地形，附近再也找不到第二个。

当时希撒利克山丘是由驻在达达尼尔的美国领事加尔巴托所购得。现在仍有一半的土地归他所有。

加尔巴托领事对古代事物也相当有兴趣。在公务之余，他曾经数次发掘过这个山丘。加尔巴托认为山丘的正中央应该是特洛伊王普里阿摩斯的城堡所在。对于他这个观点，也有少数学者表示赞同。

谢里曼曾对这座山丘做了实地考察，他确实相信：世人都把布纳尔巴什当作是特洛伊，是大错特错的。

为了一睹《荷马史诗》中那些伟大的英雄人物活跃过的地方，不知道有多少人来过特洛伊平原。他们无疑也曾到处去寻访荷马笔下的特洛伊城。然而，这些人只是走马观花地匆匆而过，所看到的只是表面而已。相反，谢里曼却非要挖开来看个究竟不可。谢里曼死心塌地地爱着《荷马史诗》，所以如果不求甚解地只看表面就匆匆给出结论，他是绝对无法忍受的。

"挖吧！把这个山头挖开来，直到特洛伊的遗迹显现出来为止。我相信，那梦想中的城市必定会出现的。"谢里曼打定了主意，雄心勃勃地要开始"挖山"的大工程。而打从这个时候起，他就把全部力量都投入了这个工作。

希撒利克的发现

在真正要对希撒利克进行发掘工作的时候，谢里曼发现事情没那么简单。他必须取得土耳其政府的同意，才可以进行挖掘工作。因为土耳其皇帝的批准书迟迟不下来，谢里曼等得不耐烦，就径自开始了发掘工作。

谢里曼的举动惊动了当地的土耳其地主，对方向谢里曼提出巨额赔偿的要求。而且要谢里曼将挖完的地方再重新埋好，使其恢复原状，以便他们能够照常放羊。这实在是强人所难，要把挖过的地方再埋起来，这是万万办不到的。

当时谢里曼所挖的沟道已经很深了，而且地下已经开始挖出了古代遗物，希腊时代的城墙也露出了一小部分。可惜谢里曼却不得不半途而废，停止发掘。

1871 年 10 月，等待已久的批准书终于被送到了谢里曼的家中，土耳其皇帝正式批准谢里曼可以发掘希撒利克的山丘。得到许可后，谢里曼又迫不及待地回到了这个神圣之地。这一次，他却不是一个人来的，随行的还有他的妻子索菲娅。

　　我带了妻子索菲娅一块儿去，索菲娅是出生在雅典的希腊人，她对《荷马史诗》的喜爱，并不亚于我。她非常高兴地参加了我的特洛伊发掘之行。

　　实际上，他那可怜的小妻子并不像他以为的那样喜欢《荷马史诗》。在蜜月期间，索菲娅就发现自己嫁给了一个虽然爱幻想但却严肃无比的男人。她总是被强迫身着如古希腊贵妇般的服饰及假发，她的丈夫总是给她讲很多她根本不懂的"学问"。每当有学者来拜访自己的丈夫时，他们的谈话内容都无比严肃，以此显示自己学识的渊博。到后来，索菲娅被要求每晚听丈夫高声朗读《伊利亚特》，如果被发现她低头打瞌睡或没有全神贯注地倾听，她的丈夫就会用责备的眼神看着她。她还被要求每天写七页德语，并且要自己进行修改。婚后的生活让索菲娅感到疲惫不堪。

　　谢里曼对索菲娅的婚后表现也极为失望，他开始觉得持久的婚姻生活也许压根就不属于自己。在察觉到婚姻的波动后，索菲娅做出了牺牲，在刚生下女儿安德洛玛赫不到四个月，索菲娅便撇下孩子随谢里曼来到了特洛伊。

谢里曼的妻子索菲娅

谢里曼要开始进行第一次发掘工作了。自此以后，谢里曼总共进行过四次希撒利克大发掘。但是，这是个荒凉的地方，有的只是肮脏的小村。起初，他俩在一处土耳其人村落租下了一间用泥土建造的小屋。后来，挖掘工作有了一些进展后，他们就在希撒利克山丘上盖了两间木质的小房子。其中一间由谢里曼夫妇自用，另外一间则住进了工头和制图技师等工作人员。

这次发掘一直持续到 1873 年。冬天，这里的气候实在太寒冷，致使挖掘工作不得不停下来。到了酷热的盛夏也是一样。不过，除此以外的时间，他们也并未都在为寻找特洛伊而不断地工作。在这里的实际工作天数可能还要少很多。因为当地有许多传统的节日，而且这里的人大部分都是希腊人或土耳其人的后裔，所以双方的节日都要照过不误。而在节日那一天，挖掘工作自然无法进行。此外，春秋两季又经常下雨，工作也就屡次被迫叫停。

这样一算，真正的工作天数就不多了。虽然如此，谢里曼还是完成了这项大工程，他把希撒利克的山丘四面都挖出了大沟。如此艰巨的工程之所以能够进行，很大程度是因为谢里曼的热忱感染了工人们。这些工人们都遵从了谢里曼的指挥，不懈地挖掘着。

这里的海峡旁边有一道低矮的丘陵向前延伸，上面点缀着一些巨大的坟冢，据说这些是特洛伊勇士们的坟墓。一些死于特洛伊战争的勇士们，他们的遗骸就是被埋在此地。这个传说是真是假即将被揭晓，谢里曼已经打算要发掘这些坟冢。

每天早晨，太阳刚刚照到山顶上，工人们便陆陆续续地到来。在山丘附近，有好几处小村庄，他们就是从这些村庄步行上山的，也有人骑着驴子来。这些工人中有希腊人，也有土耳其人。他们到了山冈上，就在小屋前面整队集合。

谢里曼开始点名，他呼唤着每一个人的名字，并且笑嘻嘻地跟他们一一打招呼。有时候他会说些笑话，让大家开开心。工人们听到他的亲切问候，都高高兴兴地开始这一天的工作。

工人们的名字都起得十分有趣，谢里曼总忍不住被他们的名字逗笑。虽然名字有趣，但要把工人们的名字全部记住，是件很困难的事情。因此，谢里曼想了个办法。如相貌像军人的就替他起个有军人风格的绰号，像学者的就起有学者味的绰号，于是这些工人们便出现了类似和尚、医生、水手等绰号，真是不一而足。谢里曼是想借这些绰号来加深印象，好让自己能够牢牢记住每一个人。这个方法果然很灵验。约莫过了一个月光景，他们互相之间已经改用绰号来称呼了。在希腊人之中，因工作非常卖力而受到谢里曼赏识的人，有四五个。这些人的绰号都来自《荷马史诗》或神话人物，如"阿伽门农"等。

在这期间参加挖掘的工人，每天有 100 ～ 150 人。为了调配和督导他们工作，谢里曼还雇用了三个工头。但是，事情也不能完全由这三个工头去负责。发掘的工作并不只是盲目地、机械地挖，而是小心细致的工作。因此，谢里曼本身也在现场不断地来回巡视，并从旁督导鼓励。

人们只单纯地认为这是神圣之山，等到欧洲人前来进行发掘，大家才又想起过去的传说。"原来荷马的传说是真实的！"他们心里不禁感到惊奇。

村民们开始对希撒利克山丘肃然起敬，却有更单纯的原因。他们在称呼谢里曼时，都叫他"谢里曼医生"。因为谢里曼随身带有各种药品，这些药品之中，其中以蓖麻子油和奎宁最具奇效。土耳其人的村子里也有医生，但在缺医少药的大环境下，谢里曼的本领显然要高明得多。村民们对这位有办法用各种药品替人治病的"医生"简直敬若神明。

离开女儿一段时间后，索菲娅回到了家里。然而，她刚刚离开，谢里曼就开始写信对索菲娅抱怨自己对婚姻的不满。为了让索菲娅能够体会他心中所感的神圣、不可违背性，谢里曼将责骂妻子的内容以"尊敬的索菲娅"开头，并用希腊语书写，问候和表示亲昵的内容以"亲爱的妻子"开头，并用潦草的德语书写：

尊敬的索菲娅，我出发那天被你的举动深深地刺痛了。如果我长时间的沉默能引起你的注意，成为你以后不再伤害丈夫的感情的教训，那么你的丈夫会以真诚的爱来回报你。

　　我亲爱的妻子，首先我要祝贺你学会了德语，你真正地用了三个月就取得了别人一年才能取得的成绩……我发现你很久没有提起家里的猫、鸽子和小鸡们了，它们都还好吗？我们可爱的小安德洛玛赫怎么样了？她会经常爬出婴儿车吗？我希望她渐渐长大，如果她总这么小，那就无法为她找到如意郎君了。

　　在一段时间没有接到妻子的来信后，谢里曼便会变本加厉地抱怨：

　　你是否已经将我忘记，一想到这我就惊慌、悲痛、愤怒。你真的忙到给你可怜的丈夫写信的时间都没有吗？他是那样地爱着你，你应该为自己能嫁给一个能想方设法扩展自己知识面的丈夫而感到自豪。

　　忍受不了丈夫责难的索菲娅在家中的日子也如坐针毡，后来，她索性抛开家里的事务，再次返回特洛伊。谢里曼对妻子说话的语气越来越像拿破仑，而对待冒险，他也是一样。《荷马史诗》是真实的！谢里曼要证明这一点，他要把这件事实，明白地加以确认，并让世人都肯定他的推论和研究成果。

　　在发掘进行的过程中，凡是与特洛伊时代无关的东西都被破坏而弃之不顾。好不容易才挖到了希腊时代末期的建筑物和罗马时代的建筑物下面那一层。但是，这里的只是以小块石板砌成的地基而已。其中出土的若干陶器碎片、绘有希腊风格的图画的陶器等都是特洛伊之后的文明时代的物品，所以还要挖得更深才行。

谢里曼指挥工人们继续挖掘，渐渐地，出土的陶器与之前出土的有了迥然不同的风格。希腊的陶器，有着巧妙的曲线，而且画着有色的图案。此处的陶器则无任何图案，保持着本来的土色。但是，在朴素中却透着某种迷人的光泽，令人觉得比那些有彩绘的陶器还要美。

这些陶器，都是从相当深的地下出土，无疑是属于非常古老的时代。其制作都是采用用手指揉捏黏土的方式，而未使用任何工具。此地距希腊不远，所制陶器却毫无模仿希腊陶器的造型和图案之处。乍一看这种粗糙的器物，似乎觉得制造出它们的是尚未开化的时代，但经过仔细观察，发现这些器物的造型和色调，都有刻意设计的迹象，说明这个民族的文化已经达到了很高的水准。

那么，制造出这些陶器的，究竟是哪一个民族呢？

"不知道《荷马史诗》中有无关于这类器皿和瓶子的记录？"谢里曼心里想。

出土的遗物之中，有一只状如人形的瓶子。颈口状如人脸，有两只大眼睛，下面还挂了个鼻子，瓶盖的形状就像是帽子，瓶身有两块隆起的乳房，下腹部正中还有肚脐。

《荷马史诗》提到女神雅典娜时，把她称呼为"蝙蝠眼"，而这只具有蝙蝠眼的瓶子，也是得自雅典娜神殿的废墟。

"这只瓶子一定是代表着那位蝙蝠眼的雅典娜。特洛伊人大概相信雅典娜就是生成这一副模样。"这个发掘成果令谢里曼很得意。另外，有些大理石和石灰板的碎片，也发现上面绘有同样的脸形。女神雅典娜在特洛伊显然是很受人尊敬的，谢里曼这样想着。

不过，并不是一切的问题都可以如此简单地加以解释。下面陆续不断被发掘出来的古物，差不多都是跟《荷马史诗》没有关系的东西。其中有好几十个穿了孔的小陶珠。根据考古学上一般的说法，这是纺丝时所用的工具。但是，这些珠子一个个都刻着图案，十分精美。

"这大概是特洛伊的女人们奉献给女性守护神雅典娜的信物。"谢里曼这样推测着。

但是，珠子上面没有任何古代人所使用的信仰标记。在《荷马史诗》之中，并没有说过特洛伊人曾经信仰过亚洲式宗教的话。这究竟是怎么回事？谢里曼的推测是：小陶珠有孔，是象征着太阳，而其周围的花纹则象征着圣火。不过，这只是谢里曼单纯的推测而已，事实如何仍是个谜。

在出土的大量古物之中，有许多不知道是何来路的东西。例如石质的简单工具、产自亚洲的软石制成的斧头、类似锯子的石刀等，诸如此类的东西天天从地下涌出来。难道有着艺术天赋的特洛伊人，还会用这种原始的器具吗？

每次看到这些东西出现，谢里曼的心中都不禁泛起疑惑。但是，谢里曼还是毫不气馁，他不断地勉励着自己。发掘的沟道渐渐加深了，达到 32 英尺以上时，从深沟下把泥土运出地面的作业就越来越困难。人在沟底，向上望去，两边的沟壁似乎高耸入云。因为挖得太深，土质松了下来，随时都有崩塌的可能。工程进展到这个阶段变得越来越危险。一次，工地发生了土崩，有 7 个工人被活埋，幸好抢救得及时才没有酿成大祸。

继续向下挖掘，里面出现了很多被火焚烧的遗物。但是，挖掘到了这一层的最低处，还是丝毫看不出城墙的印迹，有的只是用天然石块堆砌而成的简陋石垣而已。后来人们才知道，这堵石垣原来就是特洛伊时代的城墙。

谢里曼最初是从山丘北面往中心点挖去，但是神殿的遗迹并没有出现。因此，他决定另外再由别的方向开挖。首先是从西北方位着手。这一次没有挖多久，就发现了一块有浮雕的石板，上面刻的是太阳神赫利俄斯乘着四头马车奔向天空的场景。后来，在山丘的南面和西南面，又相继发现了比这块浮雕更重要的东西。

在南面这条沟道中挖掘到一堵巨大的石墙。这堵石墙建筑在岩石之上，稍呈倾斜。墙壁非常厚，四周散布着很多大石。据推测，这堵墙壁本来是比现在更厚。由石墙竖立的位置看来，显然是属于这座山丘中最古老的时代。这堵墙似乎还向左右两边延伸得很长，说不定是古代的城墙《荷马史诗》中有一段说，波塞冬和阿波罗两人曾经为特洛伊王建造了城墙，也许，荷马所说的就是眼前的这处石墙遗迹吧。

为了更仔细地勘察这堵石墙，谢里曼指挥工人继续挖下去。在任何一个国家，古代的遗迹都难免会遭人破坏。那些城墙和建筑物上面的石头，只需动手去搬下来，就立可派上用场。对村民们来说，古迹是与他们的生活风马牛不相及的。

"这条路可不能让他们毁掉。"谢里曼左思右想，终于想出了一招妙计。他召集了工人，对他们说："从前，耶稣基督来过我们这个希撒利克的山丘。当时，他就是经过这条路往特洛伊王的宫殿走去的。"

当然，这只是谢里曼随口编出来的故事。但是，他这一招却十分灵验。工人们听说基督曾经走过这条路，便都对其爱护有加了。

不过，这条路似乎也确实与特洛伊王的宫殿相通。谢里曼调集了差不多所有的工人全力挖掘这条路。当他挖到半途时，碰到成堆被火烧毁的陶器，经继续做更深一层的挖掘后，有了意外的发现。原来这堵高高的石墙确实是城墙，而在墙上的一座城门可能是被大火烧毁了。

这真是出乎意料的发现。这道墙壁和这座城门，原来就是特洛伊的城墙和城门。

千年来被人们视为传说的《荷马史诗》，如今成了千真万确的事实，并即将由谢里曼自己证明为事实，谢里曼心中涌起了阵阵的激动。

接着，谢里曼开始着手考察城墙内部的情形。但是，挖过来挖过去，到处都是火灾的劫后残迹。在城门旁边，出现

普里阿摩斯的宝藏

了一间房子的墙壁。这间房子里有很多不十分宽敞的房间。在这间房子附近，也有了一个意外的发现，由于有了这项发现，认为这间房子就是特洛伊王宫的主张看来便是正确无误的了。

然而，谢里曼的这项推测似乎错了。这间房子的位置是在被完全烧毁了的市区内。该处是后来被学者们称为"第二市"的地方，是特洛伊的商业区。这样的一个地方，不可能有宫殿。而且事实上，特洛伊的宫殿是极其富丽堂皇、宏伟壮观的，不过，这些都是后来才知道的。

至于西面的发掘工作，则在突破了好几道小石垣后终于碰到了巨大的城墙，这是特洛伊大城墙的另一头。

谢里曼指挥工人们挖掘到这座城墙前面时，片刻也没有休息就又开始动手去挖。这一次发掘所获颇丰，有重达数磅的金酒杯、大银瓶、金冠、金手镯、金项圈等，都十分珍贵。据推测，这些都是全盛时代的特洛伊王所使用的器物。

这位王者到底是谁呢？是普里阿摩斯王吗？谢里曼觉得用双手把这顶王冠挖出来，放在自己的掌中端详的那个场面仿佛近在眼前。童年时代的梦想已经光荣地实现了，长年累月的努力，总算得到了报偿。

现在，谢里曼的脚底下所站的，就是普里阿摩斯王的宫殿遗址。此时此刻，谢里曼的脑子里忽然产生了一种幻觉，仿佛时光倒退，使他回到了3000年前《荷马史诗》中的世界。对于这些出自宫殿废墟的宝物，他决定取用那位不幸战败而落得城破人亡的王者之名，而称之为"普里阿摩斯的宝藏"。

谢里曼发掘特洛伊的工作非常成功。由于特洛伊的宫殿已经被找到，谢里曼觉得很满意。1873年，发掘工作告一段落，谢里曼带着发掘所得的物品回到了希腊的雅典。

此后，谢里曼大约用了一年的时间在发掘品的整理上，同时，他还写了一篇《特洛伊的古物》，并出版问世。

与土耳其的交涉

从特洛伊回到雅典的谢里曼，次年2月又风尘仆仆地赶往迈锡尼。迈锡尼是个夹在狭小的谷地之中的城市，有两座岩山相峙而立。在这峡谷中的一处山丘上面，有一座古代领主的城堡。这座城堡是用大块天然石筑成，造得非常坚固。它究竟是何时、由何人所建，这些都是个谜。总之，从非常古老的时代就已经有了，这是毫无疑问的。在希腊的全盛时期就已经流传着一种传说，盛传这座城是独眼巨人所建。谢里曼在迈锡尼的山丘上挖了一个坑，开始猜测遗物埋藏在地下的深度。

在很久很久以前，繁荣富强的迈锡尼被阿尔戈斯城的人征服了。被征服者劫掠之后，宫殿被夷为平地。所以这里自宫殿以下，所有的大型建筑都坍塌毁坏殆尽，经过漫长的岁月，曾经的文明都被埋入了泥土之下。过了很久以后，城里的人又在上面建造了神殿。当时所做的石基，现在还留在那里。

迈锡尼虽然变成了废墟，围绕着城市的城墙却留存了下来。这里的城墙，只是把石头一块块堆积起来而已，并没有用石灰加以黏合。但是，因为当时人们所用的石头又大又重，所以历经风雨吹打也不曾倒塌。

除了城墙之外，还有一处地下古坟，仍保存着原来建造时的状况。这是在山上挖掘隧道做成的坟墓。

筑墙所用的石头，每一块都砌得整齐扎实，与特洛伊的城门筑法全然不同。特洛伊的城墙所用石块较小，而且砌得不十分结实，稍不留意，就有可能被村民们轻易取走。迈锡尼的城墙却建得太大、太坚固，所以经过了几千年也没有人能够破坏。

前次在希撒利克的山丘上，谢里曼为了要寻找特洛伊王普里阿摩斯的新宫殿，曾经废寝忘食地拼命工作。现在，他又雄心勃勃地要把特洛伊的敌人——希腊军队的核心之迈锡尼人从地下挖出来。

一天，有一个陶质的小牛头出土了。这个牛头的造型很原始，显得非常古老。上次在希撒利克出土的人面蝙蝠眼的陶壶，谢里曼认为那可能是象征着特洛伊人所信仰的女神。这次他看见牛头的陶器，也有同样的联想，觉得这是长着牛眼的神的造型。

有一天，谢里曼带了两名工人，前往距离迈锡尼约 4 公里的一处地方进行发掘。该处有一座非常古老的神殿，奉祀着阿尔戈斯的守护神赫拉。谢里曼曾在日记中记叙了当天的情形：

> 天气非常冷。有一位工人说他在发烧，不肯工作。另一个人起初还肯工作，后来因为太冷，也渐渐地瑟缩起来。实在没有办法，我只好一个人继续挖下去。

然而，这时却出现了一个麻烦的问题。当他在迈锡尼做了一次试探性的发掘，再回到雅典之后，听到一个消息：土耳其政府已向法院提出控告，要求谢里曼把半数特洛伊的发掘品归还给土耳其，否则，便要付出一万法郎的赔偿款。

在从事特洛伊的发掘之前，谢里曼不知道经历了多少艰难困苦。他自小就相信，特洛伊并不只是传说中的城池。为了要筹集发掘所需资金，他努力经商，卖力工作。到了今天，他总算得偿所愿，以事实向世人证明了特洛伊城确实存在。

谢里曼觉得，土耳其现在还没有像样的博物馆。古物必须要由合适的博物馆负责保管才行，这样也方便让更多的学者来从事研究。

对于这场官司，谢里曼曾有详细的记录：

> 讼案大概拖了一年的时间才告结束。我被判决应付出一万法郎的损害赔偿金给土耳其政府。我自认未曾使土耳其蒙受过任何损失。特洛伊的发掘，是经过正式批准之后才进行的，为什么要我赔偿呢？

在土耳其的首都，有几位朋友对谢里曼的工作极为支持，他们都很热心地给予谢里曼鼓励和声援。由于他们的努力，准许发掘的公文很快就要发下来了。

不料，谢里曼的请愿案却忽然遭到土耳其国会的无情批驳。谢里曼真是大失所望。其中一位全力支持谢里曼的法官介绍了位外交部部长给谢里曼认识。这位外交部部长曾担任过五年的叙利亚总督，是土耳其享誉盛名的政治家，而且是一位非常有教养的绅士。

谢里曼跟这一类的人一直很谈得来。经过一次会面之后，外交部部长对特洛伊的遗迹和发掘品大感兴趣，于是自告奋勇地帮助谢里曼去做游说。经过这位热心人的全力相助，谢里曼需要的执照很快就发了下来。

1876 年 4 月底，谢里曼立刻从君士坦丁堡起程，前往达达尼尔。没想到，在那里又碰到了严重的阻碍。当地的总督对谢里曼的发掘工作坚持反对。他无论如何也不允许谢里曼进行第二次的发掘。

自从谢里曼开始发掘特洛伊之后，在欧洲各国引起了很大的反响。满怀好奇的观光客从四面八方蜂拥而来。当地人眼见有利可图，于是，载运旅客的马车公司应运而生。同时，游客入场参观时还得缴手续费。在这种情况下，总督多了一项财源，应该欣然支持才对啊。可是政府都已经批准了，为什么当地总督却偏要反对呢？谢里曼实在无法理解。因为谢里曼持有政府派发的执照，总督也不好强行阻止，但他总是推三阻四地找各种理由反对工程开工，如此僵持不下，谢里曼在达达尼尔市白白耗费了两个月。谢里曼觉得多留无益，于是即刻收拾行李回到了雅典。

事后，谢里曼写了一封长信给英国的报社，揭发总督一干人是如何处心积虑地在阻挠着学术研究工作的推进的。谢里曼的投诉经报纸刊出后，引起了很多人的关注。君士坦丁堡的报纸随后也予以转载。那位总督不久就被调走了。

到 1876 年夏天的这段时间，谢里曼显得非常忙碌。当真连休息的时间都没有了。

谢里曼的精力向来是充沛而旺盛的。即使再忙，他也抽空到希腊全国各地去寻访著名的古迹胜景，并且用希腊文将考察心得和各地的传说写入日记。

不仅如此，他在第一次特洛伊发掘工作结束之后，曾前往英国、德国、意大利相继发表研究报告，又到意大利的西西里岛去了一趟。在希腊兴盛之前的古代，地中海是腓尼基人的天下，而在西西里岛也有腓尼基人所遗留的城堡废墟，谢里曼此行的目的就是去发掘此处的遗迹。

他的目的，是以在特洛伊出土古物之中年代最古老的文物，与腓尼基人的遗物做比较。但是，没过两三天，对特洛伊同一时代的东西感兴趣的谢里曼就停手了。

迈锡尼王墓

1876 年 7 月底，谢里曼再度来到了迈锡尼，针对上次做过一次试探性发掘的旧坑，重新加以挖掘。这一次，竟然把迈锡尼的一座王墓全部挖了出来。这实在是个了不起的大发现，所有看过这次发掘物的人都会忍不住发出惊叹。

在迈锡尼城外的山丘上，可以看到好几处圆顶的大坟墓。古代帝王的陵墓通常都是将帝王的日常用品也一起埋入墓穴里，这些日常用品大多数都是珍贵的宝物。谢里曼认为，迈锡尼兴盛时期的统治者只罗普斯家世代相传的宝藏，一定塞满了每一座陵墓。

　　其中有一座陵墓在五六十年前，曾由土耳其政府主持发掘过，从中发掘了大量的金银珠宝和珍贵器皿。

　　在这处废墟的附近也有形状雷同、像是坟墓的所在。虽然已经被破坏很得严重，但谢里曼推断那处坟墓下面一定还埋藏着很多东西。

　　谢里曼看中了这座坟墓，从这里着手开始发掘。负责这项发掘工作的是他的太太索菲娅。这次能够有如此巨大的发现，索菲娅实在功不可没。要不是她在坑道中发现了一枚戒指，谢里曼也许永远也无法解开迈锡尼的秘密。不仅如此，在这里发现的每一样东西几乎都经过了索菲娅那双灵巧的手。

　　这座大坟墓的内部也满是泥土，铲除了泥土，当头的是一间圆顶的墓室。此室与最后头的墓室应该有一条小甬道，死人的遗体就放在那后面的墓室里。二十多天的时间里，索菲娅跪在地上，用折叠刀小心翼翼地把覆盖在这墓室门口之上的土层剥开。索菲娅一路挖进去，把堵住这间墓室门口的泥土都清除了。

　　石砌的门楣部分明显地露出了原貌，上面刻着非常精细的花纹。支撑着巨大门板的门框上面，涂着厚厚的颜色。两边的门柱是用灰色石膏做成的，上面顶着青色大理石的横梁。然而，黄金的宝物却未曾出现。多年来，一般人都以为这种坟墓里一定装满了宝物，而谢里曼的想法也是一样。可是，随着挖掘工作的进行，谢里曼一次次地确认：这处墓穴并不是什么宝库。

在迈锡尼所发掘的这座坟墓，唯一的发现就是人的遗骸。难道就只为了要埋葬这个人而修建了这么考究的坟墓吗？

另外一项发掘，则由谢里曼本人亲自指挥。这项工作就是要把迈锡尼城

迈锡尼遗址中的"狮子门"

的正门从地下挖起来。正门顶端有两尊大石狮，睥睨着从门前进进出出的民众。如今凡是到希腊参观迈锡尼古迹的旅客，都可以像《荷马史诗》所描写的阿伽门农大王那样，大摇大摆地跨过这个大门。

比迈锡尼城正门更有意义的发掘，是紧挨城门后面的那一部分的发掘。谢里曼首次来迈锡尼试探性发掘时，已经获悉城中最低洼部分的地下有遗物。他断定埋藏在地下最深处的遗物很可能就在坟墓之中。意外的是，才挖了没多深，就不断地有珍奇的宝物出土。这次还出土了3块墓石，石上有古色古香的浮雕，浮雕上面有很多螺纹图案，中间刻着勇士骑着战车。有的是在狩猎，有的是在交战。此外，还发现两块类似的墓石。

在同一个地点，谢里曼还碰见了大量陶壶碎片掺杂其中的泥土。经过小心挖掘之后，才知道那里有一排石板，排列成一个圆形。原来，这一圈石板就是用来包围刚才发现的三块墓石的。

出土的物品越来越多，每晚回家，谢里曼都同索菲娅一起清点当天出土的物品，并逐一编号。

当谢里曼准备着手发掘圆圈内的区域时，忽然接到了土耳其政府的来函，邀请他为来访中的巴西国王陛下充当向导，陪国王参观特洛伊遗迹。

谢里曼欣然接受了土耳其政府的请托。于是，他把迈锡尼的工作交给索菲娅，兼程赶往特洛伊。两个星期之后，他又陪着巴西国王回到希腊，带他参观迈锡尼。这期间，他把墓石和石板送到希腊考古学会去，转交博物馆收藏。

谢里曼又开始恢复工作。

墓石被取走后，底下却露出了一个坑口，这引起了谢里曼的注意。通常墓石都是竖立在坚硬的地面上的，谢里曼原也以为这块墓石下面也是一样。但是这里的情况却完全不同。在这种坑口中，他选了5处进行更深入的挖掘，没想到竟然有惊人的发现。5口坑道，一共埋着15具全身缀满了金饰的尸体，他们躺在那里，就像童话中的人一般。这些一定是迈锡尼王族的人，单凭那些精致的黄金饰物就毋庸置疑了。

墓中所有男性尸体的脸上都罩着一个面具，胸口摆着一块刻满了螺纹图案的金片。凭着对《荷马史诗》的了解，谢里曼一眼便认出这是阿伽门农的王墓。

墓中女性尸体一共有 3 具，被合葬在同一处墓穴之中。她们所穿的衣服像是缀了很多小金片，不过都已经掉落到地上了，在墓穴内，找到了许多直径有手指

墓中出土的黄金面具

头那么长的金片。算算数量，竟有 700 片之多。生活在宫殿里的妃嫔们，当真是用这种鳞片一样的小金片，把自己装饰成鱼一般的模样吗？谢里曼不禁诙谐地推论起来。

她们手上戴的是金手镯，耳下挂的是金耳环，头上戴的是金冠。不仅如此，那些金饰上都镶着宝石装饰物。头发上有发针，针头部分镶着水晶玉或玻璃玉。在这样古老的时代，希腊人就已经会制造玻璃了。那时候的玻璃，是不亚于宝石的一种贵重物品。此外，女人们的脖子上，还缠着宝石项链，项链上面的每一颗宝石，都雕刻着王宫生活景色或珍奇动物的形象。

迈锡尼王的陵墓中，在尸体旁边也摆着各种各样的东西。陶质的壶和青铜的壶，原来都盛着橄榄油。因为死者是君主，所以手里拿着象征其身份的权杖，也是用黄金铸成。他身上的佩剑，镶着耀眼生辉的金银装饰，连那系剑的腰带也是金

质的。

在迈锡尼所获得的这些重大发现，使谢里曼又一次尝到了至高无上的喜悦。

上次在特洛伊，谢里曼也曾发现为数颇多的古代帝王们的宝藏，这些宝藏都是用金银或宝石做成，但形状、装饰都十分简单。特洛伊的工匠们似乎以为只要材料用得好就可以了。在希撒利克也曾掘出很多瓶子和杯子，这可能是他们的作风：与其漂亮美观，不如粗壮稳重。但是，和迈锡尼的宝藏比来起，那些实在逊色多了。迈锡尼的宝藏无论是形状或装饰都很别致，而且手工极为精细。

看得出来，迈锡尼的黄金加工技术非常先进，他们可以用黄金制成各种东西，并刻上绘画或图案。雕刻的内容，不仅是螺纹图案，其他种种形象都可以自由自在地表现出来。贵族阶级的人，身上都佩着闪闪的小金片，上面有非常精细别致的装饰。此外，在刀剑上面也用金、银、釉等镶成璀璨夺目的绘画或花纹，甚至连金戒指上面都刻着以狩猎、战斗、祭神等为主题的图画。看来，迈锡尼的工匠们，在镂金的技术方面，是不会输给现代的第一流名匠的。这类作品，比起一千多年以后希腊全盛时期的工艺美术也是毫不逊色的。

继特洛伊之后，谢里曼又把迈锡尼的地下奥秘揭示出来，让世人能够亲眼得见那段早已尘封的历史。

很多学者根据谢里曼发掘出来的迈锡尼文物进行研究，有趣的是，他们发现古代的迈锡尼文化跟小亚细亚和埃及文化有某种关联。在迈锡尼发现的遗物之中，有不少的东西可以证明这一点。此外，有人在希腊的罗德斯岛发掘古代坟墓时，有迈锡尼风格的壶和非常古老的宝石饰物一起出土了。这是公元前1400年左右，在埃及产制的宝石工艺品。事实上，从很早很早以前，迈锡尼和埃及之间已经有频繁的贸易往来。

英国的考古学家将罗德斯岛的这项发现通知了谢里曼：

> 由迈锡尼遗物埋藏在地下的深度来推测，可能比一向被认为是希腊最古老的遗迹更古老。无论如何，认为迈锡尼的文化是非常古老的。

这位考古学家的推测没错，谢里曼所发掘的迈锡尼古墓的年代确实很久。可能是比《荷马史诗》所说的迈锡尼还要早。然而，那些精致的古物，它们的外形和工艺与《荷马史诗》的描写实在太像了。《荷马史诗》中曾提到特洛伊战场的酒杯，把手的部分有四只鸽子，而从迈锡尼的坟墓中也出土了把手上镶着黄金的鸽子的酒杯。

由于这个原因，谢里曼对"迈锡尼古墓早于荷马时代"的主张，表示不能苟同。相反地，他认为这座坟墓就是阿伽门农大王的陵墓。究竟这座坟墓，是否就是攻打特洛伊的总司令阿伽门农王之墓？

谢里曼在此次发掘工作开始后不久，就认定这就是阿伽门农的王墓。但是，这项判断似乎下得太早。因为，谢里曼自己也写过："此一遗迹早被埋入地下，古代的情形无从分辨。因此，此墓并不能断定为阿伽门农之墓。"

据说，阿伽门农大王是死于王妃克吕泰涅斯特拉之手，没有举行王者应有的丧礼就草草入土。谢里曼看到出土的遗物极尽奢华，心想："这无疑是阿伽门农的陵墓。否则，不可能把如此奢华的东西一起埋葬。"同时，在墓穴中所发现的尸体，看起来颇有草草埋葬的迹象。"传说似乎是真实的，这果真是阿伽门农的坟墓。"谢里曼也曾经怀疑过自己的发现，可是，出现在眼前的尸体，把他心中的疑团一扫而空。谢里曼宛如刚从战场上凯旋的将军一般，喜不自胜。

到了 12 月，迈锡尼的发掘工作告一段落。谢里曼将所有的发掘物全部捐给了希腊考古学会。这批宝物离开了谢里曼之手，经过包装，变成了数量庞大的货物，被送往雅典了。

谢里曼把发掘物原封不动地捐赠给了雅典的国立博物馆。希腊的民众又从谢里曼手中收到了一笔莫大的财富。来自世界各国的成千上万观光客在雅典的博物馆看到谢里曼的发掘物时，必将异口同声地说："这真是太棒了，简直让人难以置信！"同时，他们将会了解到，谢里曼并没有把任何一件东西据为己有。

谢里曼对迈锡尼的发掘似乎有点得意扬扬的样子。不过，他并没有自吹自擂。任何人都会承认，谢里曼所言不虚。

事后，谢里曼曾以"迈锡尼"为名出了一本书。关于那些价值连城的大量宝物如何从迈锡尼王墓中出现的经过，书中有详细的说明。写这本书时，谢里曼似乎无法抑制自己感情的冲动。也许有人认为，科学的书应该用更冷静的态度来写才对。不过，即使是说这种话的人也一定会觉得，在完成了如此辉煌的发掘之后，谢里曼确实应该喜不自胜。其实，人们若是能设身处地地去想一想迈锡尼发掘的情形，一定不会忍心去要求他克制自己的情绪保持冷静了。

为了写这本书，谢里曼在英国住了相当久的一段时间。因为遗物太多，千头万绪，难免有些问题搞不清楚。伦敦的考古学界人才济济，谢里曼可以跟大家互相研讨，交换意见。

谢里曼的发现在欧洲引起了极大的反响。过去被人们当成神话传说的《荷马史诗》，如今被证实为是真实存在的，这令伦敦的居民们深受感动，他们真心地向谢里曼表示敬意。

但是在德国，对古老传说原来都是史实的说法仍遭到很多人的反对。他们就是不肯将史诗跟眼前的这些出土的文物结合起来联想。他们的主张是："还需要做更多更多的发掘和更详尽的研究，才能够明了真相。"

谢里曼是个情绪化的人，对于反对的声音，他往往随着心情不同而做出不同的反应。当心情好的时候，他会觉得这些都无所谓。但当他情绪欠佳的时候，对于那些批评的声音，他会做出激烈的反应，但对于一些受人尊敬的人，他则会从感情的角度出发来发表自己的看法，就像他写给一位慕尼黑专家的信那样：

　　如果您能告诉我缺点在哪儿，我将感激不尽，而我也可以提高自己，您知道认清自己是多么困难……对于我来说，您是最高权威，我将把您的评论作为福音。如果您不答复我，那将是我永远的遗憾。

　　不管德国是否认同谢里曼的发现，当时英国的首相特意为《迈锡尼》写了一篇很长的序。这本书在 1876 年出版，先出了英语和德语两种版本，后来又出了法语版。

唤醒沉寂的特洛伊

"第三市"的发掘

1878年,实现了儿时梦想、功成名就之后的谢里曼,在雅典盖了一座房子。

考古学家谢里曼

在兴建这幢房子时,谢里曼经过了慎重的研究设计,最后决定起名为"伊利恩的小屋"。这是为了纪念他以《伊利亚特》为依据,在希撒利克山丘上从事发掘的往事。当时他就是住在希撒利克山丘一间寒酸的小屋子里。

当然,所谓的"小屋",其实是一幢美轮美奂的华厦。大门上的铁栅栏,有猫头鹰和象征特洛伊的标记。这幢房子里的两名用人的名字也是出自《荷马史诗》。有客人来访时,用人就应声出门来开门。在这两人的引导下,客人首先踏上楼梯。楼梯板的马赛克,是迈锡尼金银器物装饰图案的翻版。

楼梯两边的墙壁，用圆柱支撑着。壁上以金色大字写着《荷马史诗》中的诗句，映着灯光，闪闪发亮。

屋主谢里曼的起居室、工作室和图书室，都在顶层的三楼。有阳台向外突出，站在阳台上向雅典的神殿望去，远远地可以看见西沉的太阳将天空染成了金色，然后是紫色，而在彩色缤纷之中，丘陵上清清楚楚地浮现出雪白的神殿。谢里曼就在这个房间里，愉快而精力充沛地做他的工作。他时而为准备进行下一次发掘而写信，并盘算着所需要的费用，时而诵读古代希腊的戏剧或诗，时而又翻阅现代希腊作家的仿古作品。

在与来访的学者们交谈时，谢里曼总是使用自己所喜欢的语言。当然，这些语言都是从《荷马史诗》或者是古代希腊文学作品中学来的，而不是现代的希腊语言。自从到希腊定居以来，谢里曼平常跟人家谈话时总喜欢使用不大为人所了解的古代希腊语，而尽量避免使用现代希腊语。由于他热爱着《荷马史诗》，不断地在研究这本书，久而久之，终于彻底弄通了这种古代语言。因此，他可以说得非常顺畅流利，就像是在说自己土生土长的本国语言。

但是，懂得古代希腊语的人并不多。谢里曼看到客人目瞪口呆，答不上话来，接着就改说那位客人的本国语言。古代希腊人是非常好客的。不，与其说是好客，不如说是视礼遇客人为一种道德。这是谢里曼从《荷马史诗》所得到的知识。身为希腊人的索菲娅同样很好客，款待客人无微不至。

这座如宫殿一般的房子是谢里曼为了他的妻子索菲娅所建的，他要与妻子共享他拥有的一切，包括这幢房子。然而，这幢房子的任何一处都是依照谢里曼的喜好而设计的，谢里曼丝毫没有考虑到房子的女主人。

索菲娅对数学不感兴趣，而谢里曼却在一间书房的门上写着：不想学几何的人，请出去。索菲娅不喜欢水，谢里曼却把楼顶设计成可以远眺大海，并每天对索菲娅进行洗脑："从陆地眺望大海，这是多么美妙的事情啊！"谢里曼"贴心"地为索菲娅提供了一间内室，可是里面一件舒适的用具都没有。

谢里曼从不在吃、住、行等方面追求舒适。他喜欢吃营养丰富的鱼和富含维生素的水果，并教育他身边的每一个人要以健康的方式生活。每次他去三英里外的一处海边洗澡，妻子和女儿都必须陪着他一起去。

在这座宫殿一样的房子里，谢里曼度过了他生命余下的岁月。只要不去挖掘和旅行，他就会在这幢房子里，让家人跟着他一起"享受"生活。

谢里曼是个身心都充满活力的人，只要他活着，就会干劲十足。经商的时候，他也是马不停蹄地东奔西走，从来没有好好地休息过。发掘的工作也是一样，如果不是继续不断地做下去，谢里曼就觉得心里不安。因此，谢里曼完成了《迈锡尼》之后，就再度开始进行特洛伊的发掘工作。

谢里曼深深地知道：要把特洛伊的遗迹全部完整地掘出来，是一件万分困难的事。他倒很希望有某个学术团队来接替他的工作。但是，这个愿望终归落空了。他只好自己坚持下来。

土耳其皇帝发给他的执照已经到期了，他必须再申请一张新的才行。这件事情十分麻烦，好在英国派驻君士坦丁堡的一位公使帮了他很大的忙，执照的问题解决了。

谢里曼是不会浪费任何一点时间的人。在执照尚未发下来之前，谢里曼又抽空到伊萨卡岛去了一趟。伊萨卡他在十年前去过一次。上一次他在这里发现了奥德修斯的宫殿遗迹以及传说奥德修斯曾经住过的海边洞穴。这次他又对这几个地点重新做了一番勘察。

谢里曼带去了大批工人和好多辆载货马车。在此之前，预先修建了一幢用油毛毡铺盖屋顶的工棚，内部被隔成九个房间，充作起居室，此外，还特别预留了一间给外来的参观者使用。工棚的旁边还有一幢工具房，像运货车、手推车、鹤嘴镐、铲子之类挖掘用工具以及测量仪器等都放在这里。此地原有的一幢石造小屋，则作为厨房。最后剩下的一幢木造小屋里住着由政府派来负责监视的十位警员。

这十位警员全都是来自希腊北部的穷乡僻壤。名义上是由政府派来，但他们在此驻守期间，每人每月四百法郎的薪水却必须由谢里曼负担。不过，他们倒是相当管用。当时在特洛伊附近一带，盗贼猖獗，居民们都伤透了脑筋。幸亏有警察坐镇，考察队才未曾遭受过歹徒的骚扰。不但如此，在发掘工作进行期间，警察大人还负起了监督工人的任务。工人们被他们看得紧紧的，没办法偷懒，只得拼命工作。希撒利克的山丘，往西北方向形成缓缓的斜坡。这些房屋就是建立在这个斜坡上，俯瞰着特洛伊平原。

特洛伊一带的发掘物，已经讲好由谢里曼和土耳其的博物馆各得一半。谢里曼为了避嫌，特意把存放这些物品的仓库的钥匙交给土耳其的官差保管。

为了更进一步探究上一次发掘时发现的那条大路，这次的发掘就由此开始。同时，对西南门上方所出现的建筑物，也决定进行更深入的挖掘。这座房屋的内部被隔成很多房间，每一个房间都显得简陋而狭小。但在上次发掘之时，这一带却出现了惊人的宝物。当时谢里曼满以为这就是特洛伊王普里阿摩斯的宫殿。

但是，他的这项主张一经发表，考古学家们竟群起反对。有人甚至讥笑他说："这真是痴人说梦。谢里曼这个人硬是要把每一件事情都扯到《荷马史诗》头上来。"这种批评，倒使谢里曼产生了戒心。从此以后，他就改口称呼这幢房子为"特洛伊末代帝王或贵族之家"。然而，这一次卷土重来，结果在同一个地点又再一次地出现了纯金饰物。从这种情形看来，谢里曼当初所持有的想法似乎并没有错。

冬天快到了。挨到11月底，工作不得不暂时告停。趁着这个空当儿，谢里曼到欧洲去转了一圈。2月底，他又回到了特洛伊。每天天还没亮，他就起了床，跳上马背，在警员的保护下策马驰骋，直奔海边去洗海水浴。天气还是很冷，四周还是很暗，但是他毫不在乎。回到工棚之后，日出之前他已经开始工作了。

发掘工作进行得相当顺利。在第一次发掘时，谢里曼也曾打算请专家到场参观，听取下专家的意见，以免自己判断错误而白费力气。他写了一封信给当时正在迈锡尼做客的德国学者鲁道夫·微耳，邀请他前来参观。但是，微耳却不肯来。

然而，这次却不一样。微耳渐渐地对谢里曼的工作感兴趣起来，于是，1879 年，他主动加入到发掘的团队中来，共同参加工作。对谢里曼来说，这是最令他高兴的一件事情。微耳不但在自然科学和历史学方面具有高深的学问，而且跟谢里曼一样，也是一位《荷马史诗》的爱好者，所以对这部史诗也很有研究。他对考古有其独特的见解，与谢里曼所持观点有所不同。结果，谢里曼不再坚持他那种一味执着于《荷马史诗》的想法，而发掘工作也得以在更广阔的视野下更快推进。

曾经有名学者提出，希撒利克山脚下的那一片广阔平原可能是在特洛伊战争过后才形成的。但是，谢里曼与微耳对特洛伊平原的地质做过详细勘察之后，否定了这一说法。

此外，谢里曼也接受了微耳的建议，跟他一起游历了遍地都是古代遗迹的特洛伊地区，他们一起攀登附近的高峰，观察周围的地势。微耳还替谢里曼做了很多事情。很早以前，谢里曼就看中了特洛伊平原中央的一座大型古坟，而向土耳其政府提出申请发掘的手续。当时，出面交涉的是驻土耳其的德国公使和英国公使，但是实际出力促成此事的却是微耳。

在上一次发掘时，索菲娅也曾对平原中的小土丘做了一次试探性的发掘，结果一无所获。这次，谢里曼发现了两座巨大的古坟。但是，这两座古坟实在是太大了，没有办法挖到最底层，只能从顶部向下挖出一道直坑，再从侧面挖开一条隧道。这是一项非常危险而艰难的工作，而最后，人们发现里面没有任何墓穴。唯一的一项发现是在其中一座坟丘附近发现了一个石塔。

由于未能发现坟墓的遗迹，他们认为这种土丘并不是用来埋葬死者的，而只是为纪念死者而修建的临时墓园。死者的遗体可能被埋葬在另外一个地方。

在另一方面，希撒利克的发掘工作也进行得很顺利。工人们沿着市街外围的城墙挖下去，地下出现的是一层含有遗物的泥土，下面又是一层含有遗物的泥土，如此一层接一层地挖下去，这片城市的遗址就会大规模地呈现出来了。他们认为这是在特洛伊战争中毁于战火的废墟。后来，考古学家们称之为"第三市"。

精力充沛的学者

第二次特洛伊发掘工作结束了，谢里曼随即赶往德国。像过去的做法一样，他开始着手把发掘工作报告写成一本书。为了使这本书早日出版，以期引起社会大众的注意，有三个月的时间，谢里曼未离开住所一步，专心致志、心无旁骛地赶写《伊利奥斯》这本书。

比起最初出版的著作，这一本书的内容更加充实。在处理有关特洛伊的旧有传说以及所发现的新资料时，谢里曼都会先经过缜密的考证，然后再做有系统的阐述。在此次发掘期间曾与谢里曼携手合作的微耳，特别为这本书写了一篇序。

> 谢里曼先生现在已不再是一个寻宝者了。他不仅专心钻研过许多历史学家和地理学家的学术，从而获得了极其广泛的知识，同时也具有诗人和神学家一般丰富、敏锐的想象力。现在，他足以以真正与众不同的学者的姿态出现在我们面前了。

其实这本书的序言本应该由谢里曼本人来执笔，但是，如果要由谢里曼以外的人来写，那么微耳可以说是最适当的人选。微耳在那篇序文中，指出特洛伊的发掘工作是何等的伟大，并且对独立完成这项工作的谢里曼倍加推崇。

在过去，一般历史学家和考古学家，对谢里曼的工作并无好评。微耳的序文正可促使这些学者们虚心反省。

> 平心而论，以《荷马史诗》做准绳来衡量特洛伊，实在是太大胆了。如能保持冷静的态度来下判断，当然更好。然而，那篇史诗的雄浑和优美，却深深地感动了谢里曼先生，使他产生了幻想，而坚决认定真有

其事。他所受到的感动竟有如此之大。也许有人会说，这是谢里曼先生的缺点。但是，正因为他的这种感动，这项大发掘才获得了成功。

将诗中的故事当作真实，也许可以说是幻想，但他确是这样想，也这样相信，而且为此奉献了他的一生。

含有遗物的泥土层，层层相叠，究竟应该挖到哪里为止，根本就没有把握。如果要一直挖到底，就得花掉巨额的费用。可是，谢里曼先生却为这项工作倾其所有而毫不吝惜。试想，除了他之外，还有谁能够做到这一点呢？倘若谢里曼先生当初不怀幻想，倘若他不曾下决心要发掘，无疑，特洛伊城的遗址到现在还是静静地躺在地底深处见不到阳光。

凡是个人身世有过巨大变化的人，往往希望把自己的经历告诉别人。谢里曼正是如此。读者们翻开这本书就会先看到他的自传。谈到自己的身世，谢里曼说，他这一生的目标，是在小时候听到《荷马史诗》时就决定下来的。由于对父亲讲述的《荷马史诗》无法忘怀，谢里曼就一直向往着希腊。从那个时候起，他就不畏任何困难，为了这个目标勇往直前。接着，他针对特洛伊的地理和居民提出自己的看法，然后就特洛伊的历史和希撒利克山上城市的发展过程加以论述。这是一种崭新的见解，足以推翻过去所有旧观念的见解。

谢里曼对《荷马史诗》的爱好和信仰，固然是异乎寻

谢里曼头像邮票

常，但在另一方面，他也是一位非常有责任心的考古学家。一次，他发现了一只把手上有个小孔设计的小壶时，高兴得像孩子一样跳了起来，只因为这种设计在普通的壶上从未见过。也是因为他那份强烈的责任心，当他在博物馆里发现自己的发掘品中，有一件原始时代的陶壶和罗马时代的有装饰花纹的陶壶被摆在同一个架子上陈列时，他简直怒不可遏。谢里曼曾在《伊利奥斯》一书中这样写道：

> 在法国的一家博物馆，有一件陈列品，跟我所发掘的一件水壶形的陶壶非常像。只不过这间博物馆的馆长不懂得古代陶器，误以为它是罗马时代的东西，而把它与罗马时代的发掘物同架陈列。这间博物馆拥有各种各样的陶壶和陶俑，但是论起它们的学术价值和美术价值，就是全部合起来也抵不过那只水壶形的陶壶。如果那位馆长读过这本书，知道了自己所犯的错误，那么，希望他不惜举手之劳，让这只水壶适得其所，换个地方摆摆。

从这件事情也可以看出，谢里曼对欧洲任何一个小城市的博物馆都调查得很详细。他这样做，是为了要把自己在特洛伊所发现的古物，和这些博物馆所陈列的古物相比较。

此外，谢里曼所认识的人很多，而且经常有书信来往，因此，他有办法查出哪一个城市的博物馆或者哪一个乡村学校的资料室有些什么收藏品。他不但具有非常惊人的记忆力，而且还通晓好几个国家的语言。他曾经跟为数众多的人谈论过自己的工作和那些发掘品，而所有这些人的名字他都清清楚楚地记在脑子里。

又如在与人交谈时，如果听到了什么新鲜事或是好意见，他也永远不会忘记。在《伊利奥斯》中有一段文章提到他曾与许许多多学者和爱好陶器的人谈论他在特洛伊所发现的巨缸，其中包括德国的俾斯麦将军。

不过，他从这些古物爱好者的谈话中所得到的助益，不比与许多考古学家和友人所提供的援助比较起来要少，当然是后者要比前者来得更实际而有用。

一次，英国的一位学者提供了一个很好的论说："在特洛伊所发现的纺锤车，上面有些花纹很像是文字。究竟这是文字呢，还是什么？"这位英国学者认为在希腊人懂得文字以前，特洛伊人早就知道小亚细亚人所使用的一种音标字母。特洛伊纺锤车上面的花纹，就是证据。

其他还有很多人，也分别以其所长，填补了谢里曼知识领域的不足，尤其是实际参加了发掘工作的微耳等人。

对于谢里曼的研究工作，最表重视和最感兴趣的是英国人。他在特洛伊取得的发掘品，曾由英国的一家博物馆展出，引起了民众的关注。从第一次的发掘以来，谢里曼出版的每本书都是用英文写成的。生性喜欢旅行的谢里曼，即使是在发掘期间，也时常抽空到各地去旅行。他几乎走遍了全世界，好像把全世界当作他的家。人们不禁要疑惑：谢里曼是不是在爱着德国以外的国家？谢里曼所最热爱、最尊敬的国家，究竟是哪个？

现在，柏林的博物馆也有谢里曼所捐赠的特洛伊发掘物。那是因为有位德国学者曾为特洛伊的发掘而尽心尽力，替谢里曼解决了许多疑问，谢里曼为了表示感谢，即以发掘物相赠，以资纪念。由此可以看出，他们两人之间有着深厚的感情，而且彼此都能互相信赖。

1881 年，德国皇帝威廉一世写信向谢里曼道谢：

此处所收集之古代遗物，将置于德国政府监督之下。目前柏林博物馆正在大举修建，一旦完工，当为你所发掘的那些宝贵遗物辟一特别的展室，以供保管及展览。此一特别展室，将附以捐赠人之姓名，以资永久纪念。

此项赠品，乃是出自阁下对祖国之一片爱心。其学术价值，确实珍贵万分。本人在此，除深致谢忱外，仍希望阁下能继续为了祖国的荣誉而努力奋斗。

谢里曼将他几年来发掘到的古物送到柏林展览，柏林市当局特别送给他"荣誉市民"的头衔。从此以后，谢里曼到德国走动的次数比以前多了，而且他出版的新书，也开始尽量用德文写。

通常像谢里曼这样年届60，且早已功成名就的人，多半会放下工作，逍遥自在地享受晚年的生活。但谢里曼可没有这种念头。他因为长年累月吃苦耐劳地工作，无形中练就了一副强健的体魄，所以虽然是上了年纪，但毫无衰老的迹象。谢里曼这个人，是生性不懂得休息的人，他就是喜欢不停地奔走活动。如果他一旦获得了某种新知识，又会立刻沉入其中，直到这种新知识或新事物完全被他掌握了为止。因此，谢里曼的工作是永远也做不完的。

在《伊利奥斯》完成之后，1880年底，谢里曼又携妻子索菲娅赶往奥尔霍迈诺斯，对"米尼亚斯宝库"的遗迹进行考察。

现在的希撒利克，已经被确实证明为古代的特洛伊无误，希撒利克山丘具有非常古老的历史，也通过考证得到证实。特洛伊战争的真实性，只需看看包围着这个山丘的城墙和完全被烧成废墟的城址，就不容任何人怀疑了。

然而，这个特洛伊的城址实在是太小了。就拿山丘上最宽阔的部分来说，即使是在这个地方盖了6层大楼，怕也住不下3000人。

虽然如此，谢里曼在《伊利奥斯》一书中仍坚称普里阿摩斯王治下的特洛伊城是在希撒利克山丘上。依照《荷马史诗》的描写，特洛伊城给人的感觉是相当宏大的，街道也好像很宽敞而且整齐。关于这个问题，谢里曼在《伊利奥斯》的结尾中做了如下的说明：

> 荷马可能是为了赞美特洛伊城的守护神，所以故意夸大其词，加以美化。不过，他也不是在信口开河，在荷马生活的年代，上一代的城市和宫殿都埋没在地下，但是有关上一代的种种传说，仍可能在民间广为流传。荷马就是以这些传说为依据，运用他那诗人的生花妙笔，描绘出比实际更壮观的城市来。

这本书出版后，被人攻击得最多的，就是这个部分。人们无论如何也不能相信，古代的王宫竟然会一如现代土耳其农家那么寒酸局促。因为有太多的人提出批评，原本信心坚定的谢里曼也有点动摇了，他下了决心，要重新发掘一次。

1882年，谢里曼又前往特洛伊进行发掘。过去每次发掘时，谢里曼总是基于对《荷马史诗》的坚定信心，而照诗中的指示进行工作。而他的这种做法也从来没有发生过什么错误。这一次，他也还是坚决相信，只要遵从《荷马史诗》就绝对不会出错。但这次，他抱着严谨小心的态度，对希撒利克山丘周围土地做较前次更大规模的发掘，刻意搜寻普里阿摩斯时代的城市。

上次来时，谢里曼曾经到特洛伊地区最边远的地方去旅行。他在那一带四处奔走寻找，目的是要看看除了希撒利克以外是否还有特洛伊人的城市存在。但是，含有古代遗物的泥土重叠成好几个层次，以显示其年代久远的地层始终没有找到。特洛伊毕竟是在希撒利克，不在别处——谢里曼这样想。不过，这一次的发掘过后，谢里曼的态度有了改变。

他虽然因其发掘特洛伊和迈锡尼的成就而被誉为"历史的大见证人"，但这次为了古代特洛伊城的大小问题饱受批评以后，一方面对自己研究方法上的偏失有所反省，同时对别人的议论也开始虚心倾听。这件事情，充分表现出谢里曼的坦率本性。由此也可以看出，他是一个能够认清自己缺点的人。

从特洛伊的遗迹中出土了大量的纺锤车，石斧和没有什么用处的土偶之类也源源而出。谢里曼并没有把这些东西和出自王宫的金银宝器加以区别，一概同等看待。凡是从遗迹中出现的东西，他都会好好地加以保存，绝不随便丢弃。对于每一件发掘物，他都很认真地考察它的用途，并且和其他的遗物互相比较。当他做这项工作时，微耳等人也会过来一起帮忙做鉴定。谢里曼深深地觉得，有伙伴跟他在一起工作，实在是太好了。

然而，有些棘手的问题，谢里曼自己也没办法处理。譬如要研究埋在地下的古代建筑物，最好的方法是从同一地区内的古墓下手，查明其建筑方法。但是，特洛伊有一种由巨大城墙围绕起来的建筑物，其规模之大，不是那些小小的古墓所能比拟的。为什么这种宏伟的建筑，只在特洛伊才有？

要了解这个问题，则必须借助于建筑专家的专业知识。好在他们很快就找到了一位非常合适的人才。谢里曼也的确很会看人。

1875 年，有一批德国学者曾在希腊的奥林匹亚从事大规模的发掘，直到 1881 年才告结束。他们运用了所有最先进的方法进行发掘，并且动员了建筑家、美术史家和历史学家，合力考察地下的发掘物。在希腊来说，这是有史以来最大的一次发掘工作。

这个发掘团的成员中，有一位名叫威廉·多尔普菲尔德的建筑师。他在柏林取得建筑师执照后，立刻来到了希腊，在奥林匹亚从事神殿的调查工作达五年之久，所以对古代建筑物具有非常丰富的知识。1882 年之初，多尔普菲尔德前来希腊时，谢里曼立即和他见了面，邀他参加即将动工的发掘工作。

这一次，又有一大堆古代的遗物从地下被挖了出来。其中也有古代的建筑物，而这种建筑物的来历能得以辨明，都要归功于多尔普菲尔德。

多尔普菲尔德的慧眼发现了很多重要的东西。例如特洛伊的统治者所居住的房子是建筑在大城墙内被火焚毁的市街上。换句话说，就是被战火所焚毁的废墟之上积满了泥土，然后在这层泥土上再盖了房子。过去谢里曼以为被火焚毁的是地下倒数第三层的城市，但是，实际上却是第二层。把这个问题弄清楚的，就是多尔普菲尔德。

这些建筑物的材料都十分简单，从这一点来说，确实和一般农家差不了多少。不过，从其房间之大、地势之妙，以及那雄伟的城墙，又很像是统治者所居住的宫殿。这些房间的格局与希腊神殿相似，所以也可能是神殿。与此类似的建筑物遗迹，在梯林斯也曾出现，并且被证实是统治者的宫殿。总之，在特洛伊全盛时期，此地大厦林立，相当热闹，是可以确定的。同时，这个山丘上已经没有一般人居住的余地，也是可以确定的。

谢里曼和专家们推测：经过一段时间之后，山丘上的房子坍毁了，原址变成了空地。再过了一阵子，有人在这里耕种，空地就变成了田园。地面上遗留下来的残垣断瓦，也被这些耕田的人随手拆除了。但是，一直到最后，普通平民还是不肯在这个山丘上住下来。

总而言之，一如荷马所说，在这个山丘上只有特洛伊的城市，在城里居住的人，也只限于贵族和战士。由此看来，《荷马史诗》赞美它是"街道宽阔整齐的圣城"，实在没有言过其实。

在建筑家的协助之下，谢里曼从地下掘出了新的宝物——画在纸上的一张图。靠着这张图，有关上古时代建筑方法的疑问，都可以找到明确的答案。这实在是比任何宝藏都更珍贵。

在这次发掘期间，谢里曼也曾试着去发掘希撒利克以外的地方。最后，他又想发掘一座很可能埋葬着特洛伊战争阵亡战士的坟墓。这座坟墓坐落在特洛伊海岸对面。凭借多年来考古的直觉，谢里曼觉得里面一定会有他要找的东西。果然，他从这里挖到了一些陶器，其形貌与特洛伊的陶器竟然完全相同。

但这处坟墓的所在，是一处土耳其军方的要塞。突然间，要塞的司令官下达命令，要谢里曼停止发掘。谢里曼十分生气，但他还是大度谦卑地答复对方："是否因为我是外国人？如果确属如此，我愿意返回特洛伊，将此项工作交给土耳其籍的同事去接办。至于工人们所应得的工资，仍旧由我支付。"

但是，司令官还是不肯收回成命。于是发掘工作不得不宣告中断。

类似的问题谢里曼曾经经历过，但这一次所遭遇到的困难是前所未有的。谢里曼必须不断地和那些土耳其政府派来的监视员打交道，甚至经常要与他们争论得面红耳赤。谢里曼真是伤透了脑筋。

那位土耳其陆军的将军向发掘队宣布：在进行发掘时不准使用测量仪器。那些奉命当场监视的官员们看到多尔普菲尔德在那里工作，根本搞不清楚他究竟是在测量、做记录，还是在绘图，所以干脆禁止他的一切举动："不可做笔记，也不许画图。"他们甚至威胁多尔普菲尔德说："如果违反了规定，就立刻把你抓起来，送到君士坦丁堡去问罪。"

谢里曼为此一再地向土耳其政府提出声辩。他誓言：发掘古迹纯粹是为了学术研究，绝无其他目的。德国派驻君士坦丁堡的大使，也曾替他出面向土耳其陆军提出抗议，但是一点效果都没有。

在欧洲，政治家俾斯麦想助谢里曼一臂之力，也向土耳其政府写信劝说。可是土耳其政府连这样一位人人敬畏的人物的话也不理。

当发掘工作结束后，德国大使特地去拜谒了土耳其皇帝，好说歹说，才勉强获得他的首肯，准许谢里曼绘制发掘地的地图。

经过这一番波折后，他在次年出版的《特洛伊》一书中，用上了这幅得来不易的地图。这本书就是谢里曼对第三次特洛伊发掘的工作报告。虽然有顽固的土耳其官员百般阻挠，这次的发掘还是大获成功。

发掘梯林斯

谢里曼用德文和英文写了特洛伊发掘报告，并且在德国和英国分别出版，然后又将这本《特洛伊》改写成法文。他把原稿交给了出版社，就马上着手进行梯林斯的发掘。这次发掘，事先已取得希腊政府的批准。关于建筑学方面的问题，仍决定请多尔普菲尔德来帮忙。发掘工作从 1884 年持续到 1885 年，其中的后半年，则经谢里曼的授权而由多尔普菲尔德单独负责推进。

　　根据史料和传说可以知道，梯林斯的历史并没有维持多久。在特洛伊，新的部族一代接着一代地来到希撒利克筑城定居，但在梯林斯却只有这一次。因此，梯林斯城和特洛伊比较起来，是更容易查明其 3000 年前的原始状况。

　　在迈锡尼发现宝藏的那一次大发掘之前，谢里曼曾在梯林斯待了一个星期，对山丘上的城址做了一次试探性的发掘。当时虽已见到两三处建筑物的遗迹，但当时谢里曼却不知道这些发现是何等的重要。后来在特洛伊做第三次发掘时，他才了解到这些建筑物遗迹的重要性。

　　在发掘期间，谢里曼住在距离梯林斯骑马要半小时行程的一个港口小镇纳普利亚。这个风景如画的小港口，波平浪静的水面上倒映着海角古城。但是，谢里曼是一个喜爱工作更甚于欣赏风景的人。在这样一个风景绮丽的海滨小城，谢里曼到底过着什么样的日子呢？

　　谢里曼有早起的习惯。在纳普利亚小住的这段时间，他每天都在早晨 4 点钟起床。为了预防热病，先服下 4 粒奎宁，然后去海里游泳。

　　小舟在每天早晨 4 点钟就已经在港口等着他，把他带到辽阔无际的海上。谢里曼每天要付给船夫 4 个法郎。划到相当远的地方时，谢里曼便跃入海中，游 5 ~ 10 分钟的泳。船上没有梯子，谢里曼每次都得攀着橹桨上船。

　　游完泳，谢里曼回到岸上，走进"阿伽门农"咖啡店，在这里喝一杯不加奶的苦咖啡，乐陶陶地享受着清晨的时光。

在物价波动，所有的商品都在涨价的时候，这家咖啡店却依旧维持着不变的低廉价格。

谢里曼到梯林斯的交通工具是一匹马，每天租金 6 法郎。这是一匹好马，它每天早晨都到咖啡店来接谢里曼。谢里曼骑上它，快马加鞭，只需二十多分钟就到了梯林斯。而这时，太阳还没有升起。谢里曼下了马，叫人去接多尔普菲尔德。

工人已经到齐，工作就要开始了。转眼已 8 点钟。谢里曼在古代宫殿的一根柱基上坐下来吃早餐。谢里曼的一位朋友在伦敦开了一家食品店，他送了谢里曼一大堆食品。其中包括腌牛肉、面包、乳酪和白葡萄酒，这些食物可以让谢里曼享受美好的早餐时光。

工人的第二次休息是从 12 点到 13 点。起初是一个小时就够了，但是后来天气渐热，就延长到 1 小时 45 分。在这个时间内，谢里曼也和大家一同休息。他们的休息地点是城南一处打谷场的遗迹。把那里的石头当枕头，躺下来就可以休息。太阳就在头上，像是要把人烤焦一般。睡觉时就把头上所戴的印度帽拉下来遮住脸，此外就没有其他什么可以阻挡阳光的东西了。

虽然如此，大伙还是睡得很甜。尤其是谢里曼，没有什么能比在梯林斯宫殿里的中午时分睡觉更享受的了。转眼间又是黄昏。晚餐谢里曼通常会回到纳普利亚的住处去吃。

那梯林斯的发掘，究竟有哪些进展呢？他们走上了坡道，来到石头堆砌而成的城墙面前，通过墙壁中的狭小入口，有一条阴森森的通道向左延伸。在这条路的中途，有城门的遗迹。从前这个门的形式是和迈锡尼那座石狮门一模一样的，门上的一尊石狮，以同样的眼神注视来往的行人。

过了城门，路稍微宽了些，左右两边仍是石墙。接着来到了一个广场。右面城墙中有通道，守城卫兵的营房就是设在此处。左面是第二座城门，巍峨的外观足以显示出王宫的气派，跟四周的大城墙也很相配。入门通过狭小的通道，就到了宫殿前面的广场。为了防备敌人来袭而精心筑成的城堡已永远地失去了其实际的功用。由此右折，经过卫兵的营房，又是一座美丽的城门。这么多的城门，可以说明城主过的是与人民隔绝的生活。人民要晋谒君主，必须通过好几道由卫兵把守的关卡。但此时，谢里曼却俨然那个时代的贵族一般昂首阔步走向王宫。由广场拾级而上，过了门又是一个广场。地面上铺着朴素的石板，庭院四周有曲廊回绕，和成排木柱，支撑着屋檐。院子里悄无声息，如同置身于修道院之中。

宫殿就在庭院的后方。宫殿门前有祭坛，梯林斯王就是在这里举行祭神仪式，并将牛血倒入地面上的洞孔。王族的祖先，相传就是受了神的赐予，得到了象征王位的双刃斧刀。国王似乎很少走出这座宫殿和庭院，他虽然也为人民和国家而向神祈祷，但在这里却什么都看不到。他看不到自己所统治下的山川、田野、牧地、村庄，连老百姓的房子都看不到。

宫殿入口处有一间宽敞的类似前厅的建筑，看得出当时装饰得非常华丽，充分显示出王宫的气派。

宫殿极尽奢华之能事。宫殿里所有的柱子都是非常高大的圆柱，越往上面越粗，而且整个柱子都雕满了美丽的图案。支撑着墙壁的柱子，上面贴着稀奇的木板，木板上全镶上美丽的青铜质玫瑰花徽章。墙壁下端是用纯白的雪花石膏做成，其中又嵌着宝石般熠熠闪耀的碧绿的玻璃珠，看得人眼花缭乱。一大片的墙壁上画着种种怪兽和英雄们在打仗的大幅图画。

　　这间大房间的正面有三个门，但是，并不是任何人都可以从这些门进出。等级不够的人先得进入浴室把身体洗干净，涂上了油，重新穿戴整齐，然后才能见到国王。与王宫相连的一个走廊可以直通王妃的宫室。王妃的宫室虽然夹杂在一些小房间之中，但仍然如一个小型宫殿一样，形成完整的格局，有庭院、大厅和小起居室。在其周围还有用人房、膳房、浴室和仓库。

　　除此之外，城内还有高塔、仓库和通往城外的秘密隧道等，而这些建筑物外面则环绕着大城墙。从建筑方法、雕刻和装饰的特征看来，梯林斯城与迈锡尼和古墓可以说是属于同一时代。这是一个文明开化的伟大时代。谢里曼在《梯林斯》这本书中对这座宫殿进行了详细的说明，而且还附有地图。

　　不知不觉中谢里曼已经垂垂老矣，性子越来越随和了，而他的妻子索菲娅也年逾30，越发成熟。他们的关系越发融洽和谐了，但由于谢里曼总是不断地为考古事业而奔波，他们总是聚少离多。在谢里曼写给妻子的信中，也流露出了更多的温情：

> 希望你下次回雅典的时候能够更健康，这样你
> 可以得到我许诺的奖金（索菲娅每重 1000 克可得到
> 1000 法郎）。别在奥地利给我们的女儿找老师，不过
> 你可以从那儿给我带点肥皂过来。我们的女儿应该每
> 天洗澡。她的信中满是语法错误，这对那些没受过教
> 育的女孩来说是可以原谅的，但是谢里曼的女儿不可
> 以这样。她不能总这样胡思乱想、心不在焉，上帝保
> 佑她今后别经商，否则她一定会破产。

几年前，谢里曼在迈锡尼发掘了王族的坟墓，他用发掘
出来的东西告诉了世人古代的帝王是何等尊荣威风。如今在
梯林斯，他又将君王及其家族所居住的城堡原原本本地发掘
出来，再一次让人们开了眼界。从谢里曼展开其发掘工作以
来，对古代遗迹的发掘一时蔚为风气，而古代遗物的研究也
有了深远的进展。

在希腊东方的爱琴海周边一带，在短短一年之间，有很
多与迈锡尼坟墓同一类型的坟墓，与迈锡尼古坟墓陪葬品相
同的陶器、装饰品和刀剑等，犹如雨后春笋般纷纷出土。

从迈锡尼和梯林斯出土的许多古物可以看出，当时文明先
进的亚洲对它们产生了很大的影响，以至于它们处处加以模仿。

因此，有些学者就认为，在迈锡尼和梯林斯所发现的古

物可能是来自地中海东部海岸的移民所遗留下来的。谢里曼也指出："太古时代的希腊帝王们，是来自亚洲的腓尼基或埃及的人。至少，这个传说充分显示出文化落后的希腊，对腓尼基和埃及多有依赖。"

借着谢里曼在迈锡尼、梯林斯以及奥尔霍迈诺斯所发现的遗物，人们已经知道希腊的上古时代和亚洲有着非常密切的关系。这一点，不只是希腊如此。其他地中海各国的古代历史，也要透过亚洲的关系来观察才能够明了。这是一个非常重要的问题，现在已经成为历史研究的一个指标。这也是由谢里曼的发掘所促成的。

乍看之下，令人以为相当繁荣的迈锡尼文化，其实是受过亚洲文化的深刻影响。当时欧洲的人们知道了这一点，便开始对亚洲心生向往。谢里曼在发掘过梯林斯之后，也开始对亚洲的发掘目标做认真的考虑了。

历史的捍卫者

旅行中的考察

1886 年，谢里曼去伦敦住了几天。这时候，有一位年轻学者为梯林斯遗迹的问题，提出反对谢里曼的理论。

谢里曼曾推导：公元后，基督教日渐兴盛，人们在梯林斯的城址上也兴建了一座教堂。而这位年轻的学者却认为梯林斯的教堂不是后来才有，而是和城堡同时兴建的。当时，英国的一位建筑学泰斗也表示支持这位年轻学者的观点。谢里曼不得不为此事出席一次建筑学会，就自己所持理论的正确性提出辩解。不用说，教堂绝不可能与建立于公元前的城堡同时兴建。争论的结果，谢里曼胜利了。事后，英国的建筑学会还颁赠了一枚奖章给谢里曼，以赞扬他在学术领域的建树。

结束了梯林斯的发掘工作，谢里曼又回到了雅典他那幢如宫殿般的房子。年迈的他在很多事情上都已感到了力不从心。虽然谢里曼发掘出了很多女神，但对他来说，最值得敬畏的是健康这位女神。在他的观念里，生病是一种过失，是不道德的。可是谢里曼自己却总是犯这种"不道德"的"过失"。

少年时代的谢里曼曾累到患上出血症和肺病，在加利福尼亚时，他患了斑疹伤寒，在迈锡尼，他染上过疟疾，他还在巴拿马运河一带生过腿疮，在爪哇生过耳病。在62岁的时候，他曾因过度工作和过度的紧张而引发了神经衰弱。为了锻炼身体和治疗疾病，他经常洗冷水浴，在结冰的水里游泳，但后来又因为用冷水洗浴而患了痉挛病。而他的耳病也因为频繁地在海里游泳和寒冷受凉而更加严重，谢里曼时常自称是半聋。

凡是怀有伟大梦想，并且将梦想付诸实践而获得成功的人，心里总会饱胀着满足的快意，性情也常保爽朗愉快，对任何人都乐意亲近交谈。现在，谢里曼的情形就是如此。他结识了很多人，常常和人家谈论着他从事发掘的种种往事，乐此不疲。

想到这样一位命运多舛、身世曲折离奇的人，竟然做出那么大的发现，不论是谁都不能不被他的魅力所吸引。英国人、美国人、德国人，以及其他任何一个国家的学者，只要是来到雅典旅行时，总是先去参观古代遗迹和博物馆，然后必定要去谢里曼的住处登门拜访。

谢里曼和索菲娅最怀念的往事，就是两人在一起进行的发掘工作。而那几次的发掘，全部与《荷马史诗》有关。两人也常常谈到将来的工作，但话题无非是与《荷马史诗》有关的一些发掘计划，说来说去都离不开荷马。谢里曼在脑子里记着很多荷马的诗句，有时候他会浑然忘记自我，如醉如痴地吟起那些诗句来。他念了一段索菲娅就接着念下面的一段。

除了女儿安德洛马赫之外，他还有一个儿子叫阿伽门农，两个孩子都是以《荷马史诗》中了不起的人物命名的。谢里曼是个只知工作不知休息的人，只有在一项工作和另一项工作的空当，他才有机会在雅典的家里，和他所爱的妻儿们在一起团圆，享受天伦之乐。到了晚年，他这种空当也不过比以前稍微拉长了一些而已。谢里曼在巴黎和柏林都置有房产。每年夏天他大都住在那边，顺便去访问朋友们。

1886 年冬天，谢里曼前往埃及旅行，他雇了一条船，溯尼罗河而上。近几个月来，他为了出书而呕心沥血，现在很想好好休息一下。他此行单枪匹马，打算慢慢欣赏沿途的风景和古迹。埃及的历史和遗迹再度深深地感动了他。

来到埃及的谢里曼想起了微耳曾写过的一段关于埃及的描述，现在想想，这是一点也不错的：

> 在《荷马史诗》诞生之前，也就是在特洛伊最繁荣的时代，埃及的文化已经繁荣了几千年之久。尽管这个文化这样古老，但至今还到处遗留着古迹，经过了几千年也没有被湮没，成为活生生的历史见证。来到埃及的，不论看见了什么，胸中的感动都会像潮水般汹涌不已。

　　10 年前，谢里曼初次到埃及旅行时，因为不懂得阿拉伯语，被人敲了竹杠，支付了昂贵的船资。这件事令谢里曼耿耿于怀。有了这样的教训，他便利用这次航行的时间，全力学习阿拉伯语。没多久，他就可以用阿拉伯话与人流利地交谈了。接着他又学了阿拉伯文字，也开始用阿拉伯文写信。后来从埃及转往叙利亚继续旅行时，他已经在用阿拉伯文写日记了。

　　不过，在埃及境内旅行时，他还是用希腊文写日记。本来他从希腊带来了一名向导，但尼罗河之旅开始后不久，向导不幸在途中生了病，谢里曼只得让他回去。此后三个月，谢里曼在没有向导的情况下，继续做孤独的旅行。直到参观完了那些著名的古代神殿所在地的卢克索，才循原路折返。

　　旅行期间，谢里曼搭乘了一艘三桅帆船，船员都是阿拉伯人，他们总是在互相争吵。谢里曼除了耐着性子跟他们和平相处外，也别无他法。有一次，船在河中停着不动，谢里曼只得眼巴巴地苦熬。不过，当他把视线转移到岸上去时，那些随处可见的古代遗迹又使他欣喜雀跃起来。这一路上，他觉得日子过得飞快。谢里曼觉得当一个人离群独处时，时间一眨眼就过去了，这也许是因为做了太多事情。

　　在埃及期间，谢里曼每天早上 7 点钟就起床了。到甲板上去散步半小时，喝过茶、吃过鸡蛋之后，他又花上一小时的时间，一面抽烟，一面到处走动。

　　接着，他开始阅读阿拉伯的书籍，然后欣赏希腊戏剧家的作品。接着是午饭。饭后再上甲板散步一小时，看书到 4 点半，再散步到 6 点。然后是晚饭。饭后在凉爽的沙漠风吹拂下，做一小时的散步。上床前一定要写日记。

谢里曼在日记里面，以生动的笔调描写着埃及的农业和一般人的生活习惯等，并且把岸上所见的遗迹画出来，加上详细的说明。不过，谢里曼本质是个诗人，虽然他不作诗，却有诗人般说不尽的梦想。在这次的旅行期间，他常常做梦，并且每次他都把梦中的情景详细地写在日记里。

因为这次旅行实在太愉快了，所以第二年的冬天，他又到埃及去了一趟。这次同行的还有他的好友微耳。

在沙漠中的阿拉伯人村落里，谢里曼有如伊斯兰教的圣徒般受到尊敬。当村民们看到他诵读阿拉伯文的书或信函，就像僧侣或法官那样的流利时，都十分惊奇。

入夜以后，村民们都聚集过来。谢里曼则爬上了椰子树，把伊斯兰教的圣经——《古兰经》念给他们听。他念得出了神，连自己都受了感动。那些虔诚的阿拉伯人，一齐跪了下来喃喃地祈祷着。

捍卫事实的发掘

从埃及之旅回来之后，谢里曼的心中开始酝酿着一项新的计划。在埃及一座古代神殿里，谢里曼看到了一幅壁画，这幅壁画吸引了谢里曼的注意，他开始推测埃及人是与特洛伊文化有关联的。因此，他决定要对神殿所处的一带地区进行发掘。不巧的是，就在这个时候，小亚细亚的美索不达米亚一带忽然发生了黑死病，谢里曼的计划只好作罢。后来，谢里曼又想到了另外一个计划，那就是到希腊东南海上的克里特岛去发掘库诺索斯人的遗迹。谢里曼有一种想法，认为在迈锡尼文化兴盛时期，亚洲的文化可能是经过克里特岛传过来的。他要去克里特找寻相关的证据。

这次，谢里曼约上了建筑学家多尔普菲尔德，前往克里特岛。克里特岛跟梯林斯的遗迹一样，大宫殿的遗迹整个都露出在地面上。根据谢里曼的猜测，这可能是在希腊首先建立海军，而征服了附近各岛屿的城址。可是接下来的发掘工作却成了问题。首先谢里曼必须出高价买下他要发掘的那块土地，而且那些地主们还坚持发掘物应分给他们一半。

压着满肚子的火气，谢里曼继续进行交涉。当时克里特岛是在土耳其的统治下，没想到那些反对分子竟引起了暴动，闹得不可收拾。发掘的计划终于告吹了。

当时有一个名叫伯蒂舍尔的德国军人，他是个古代迷，看过很多书，对考古方面意见颇多，不亚于专家学者。但他从来没有发掘过遗迹，也未曾亲眼看过希撒利克的山丘。但是他偏偏从谢里曼最初出版的书中找出未经过充分研究的问题来加以攻击：

> 谢里曼先生所谓的特洛伊城，实际上就是古代的大火葬场……谢里曼这伙人，把假照片和假报告说成是真实的。不仅是这样，他们还做了更坏的事情，他们为了要支持希撒利克有古代宫殿的说法，竟然对一切与其说法不利的东西，故意加以破坏。

1889年，在巴黎举行的人类学会的大会上，伯蒂舍尔又一次提出了这项毫无依据的说法。谢里曼也出席了大会，对于有些人居然会相信伯蒂舍尔的荒谬言论而感到震惊：

> 这些人因为只知道死读书，所以才会造成这种结果。只要他们能亲身到遗迹现场去实地参观，应该会了解到我的理论的正确性。百闻不如一见，干脆我请他们到特洛伊去吧。

谢里曼想到了这样一个绝招，同时也下定决心，要进行另一次发掘。

同年12月，应邀而来的学者们在希撒利克山丘上举行了一次研讨会。对谢里曼持有反对意见的人们此时表现得非常顽固。但是，一些著名的学者都对谢里曼和多尔普菲尔德的主张表示赞成，这让谢里曼感到很欣慰。

1890年5月，土耳其政府批准发掘的公文下来了。谢里曼立刻开始进行最后一次的特洛伊发掘。当地的人早已经成了谢里曼的朋友。在这个居高临下可以俯瞰整个平原的希撒利克山丘上，谢里曼觉得自己又一次回到了心中的故乡。他时常会有一种生于斯、长于斯的感觉。

这次的发掘，除了寻求新发现之外，还有一项重要的目的。谢里曼决定找出确切不移的铁证，证明这里确实有过《荷马史诗》所说的城堡。这样的话，以后就没有人会提出像伯蒂舍尔一类的荒谬主张了。因此，谢里曼拟订了计划，决定尽可能多地邀学者和专家们前来这里参观发掘。他希望能够让更多的人了解他的发掘成果的价值，他要让全世界都了解，他过去所做的工作对古代历史的研究是何等重要。

希撒利克的山丘上，一如过去那样建起了一幢幢小屋子。大家都管它叫"谢里曼街"。为了招待来此参观的学者，谢里曼特地在这条"街"的"郊外"盖了一幢房子供他们住宿。

受到邀请的人、对此感兴趣的人，都不远千里地纷纷赶到特洛伊来。但是，专门唱反调的伯蒂舍尔，还是照样在报纸上投稿攻击谢里曼。于是，谢里曼再度邀请了很多学者，在希撒利克山丘上开会讨论。

只要亲眼看过了发掘的遗迹，不论是谁都不得不承认谢里曼的意见是正确的。这次会议开得很成功。谢里曼的挚友微耳也专程从德国赶来参加。会后，谢里曼和微耳两人还骑马到伊达地区去旅行。两人结伴到有众多古迹的伊达去旅行已经不是第一次了。虽然路很崎岖，沿途又没有旅舍，但对意气相投的两人来说，每次的旅行都十分愉快。

这次旅行中，谢里曼却发现自己的耳疾又严重了。

日子还是照旧过得很忙碌。督导发掘工作，招待访客，谢里曼忙得简直连喘息的时间都没有。学者们大多数住了一星期就走，然后又有另一批人接踵而来。在发掘工作有了相当进展时，索菲娅带着两个孩子也来了。家人的到来把生活的温暖带到了希撒利克山上，谢里曼感受到了很大的安慰。这次的发掘也不像以前那样总有人在监视，所以可以随工作需要而尽管画图测量，用不到顾虑什么。这一点也令谢里曼十分欣慰。

希撒利克的遗迹是由下而上，有好几层的城市互相重叠着，一起埋在土中。其中倒数第二层的城市，似乎是被战火所焚，已经完全变成了废墟。谢里曼正打算把由城墙环绕着的这一层废墟整个挖出来。

随着发掘工作的深入，种种问题也相继有了答案。在同一地区内既然有八九层城市上下重叠，那么，建筑的方法应该各有不同。在这些重叠的城市中，倒数第二层，也就是年代第二古老的一层了。围绕着这座城市的城墙，比起上面一层城市的城墙来，形成的圆圈更小。这道城墙，经这次发掘才晓得它是希撒利克最古老的城墙。

这次的发掘，也查明这座城市曾经扩建了两次。在扩建时，是在原来的城墙上建造了另一道新城墙。同时，城门、宫殿和宫殿外围的房屋也全部重新改建了。有趣的是，在旧建筑物上面建造新建筑物时，新旧建筑会稍微错开。

走过了大城门，下面就跟梯林斯遗迹一样，还有一座小城门，再过去就是广阔的庭院。围绕着庭院四周，有王宫和王族的宅第簇拥而立。要把这类大规模的建筑重新加以改建，是一件非常艰巨的工程。他们为什么要花费这么大的精力去做这种事情呢？

由于这是历史不明的黑暗时代，没有人针对这个问题给出答复。不过，事情也许是这样的：达达尼尔海峡附近这一带，自古以来在各民族之间时有冲突，而与海峡比邻的希撒利克城，首当其冲，无形中成了牺牲品。可悲的命运一再地降临到这个山上，于是，城市建而又毁，毁而又建，反反复复地演变下去。

位于地下倒数第二的这一层城市，因为埋得太深，无法证明它到底是兴起于几千年之前。在其全盛时期，这里到底是哪一种民族在居住。连他们的名字叫什么，人们都不知道。谢里曼对这个问题似乎也死了心。随着发掘范围的扩大，这里出现的遗物与《荷马史诗》中的特洛伊越来越风马牛不相及。这件事情让谢里曼越来越不安。

不过，这里却保存着地中海沿岸最古老民族的住宅模式。而且这种古宅遗迹规模之大，更是其他任何地方所未见的。现在倒有一个问题，比起希撒利克与《荷马史诗》的关系问题更重要，那就是古代特洛伊文化与迈锡尼文化之间的关系。此种关系的存在，由谢里曼明确地加以了肯定。这项成果，可以说是谢里曼最后这一次发掘的最大收获。

谢里曼发掘的特洛伊城遗址（局部）

除此之外，谢里曼对这座第二古城的城墙外侧部分，也择定了一个地点进行发掘。城是建筑在平原上唯一的一座山丘上，所以，只要登上了城墙，山脚下的平原和峡谷便可一览无余。但是，就在紧邻城墙外侧之处，又耸立着高高的土层，其中也埋藏着建筑物的遗迹。这无疑是比第二古城更新的一层城市了。

就这样，新城在旧城上一层接着一层盖上去，最后留在顶上的，是高高突出的罗马时代城墙。从高高的土层到城墙下面的最底层，重重叠叠的。多尔普菲尔德后来给出了结论：荷马所描述的发生过特洛伊战争的就是当时发现的第六层建筑。

当时，谢里曼和专家们经过研究，对这种建设形势给出了结论。第二古城衰败之后，第三古城就接着在废墟上建立起来。由出土的遗物可以看出，这一层城市的居民和前一层城市一样，还在使用原始而粗陋的家具和工具。第三城倒下去以后，第四批居民接踵而来。经过了漫长的岁月，原来的第三城渐渐地没入土中。在第三城的城墙基础部分完全埋进土中时，家具和工具的形式才开始起了变化。从第四层城址发掘出来的陶器，大部分都比前些年代的陶器来得更精美。这种进步的原因到底是什么呢？

出土的陶器一共有两种。其中一种具有鲜明的色调，并且有厚重的花纹。这些陶器，和谢里曼在迈锡尼所发掘到的大量遗物，种类完全相同。此外，相同的陶器在地中海沿岸各地也有发现。这件事情足以说明这些陶器原来都是来自同一个地点。在特洛伊的情形也是一样。最初在第四层所发现的精美陶器也是属于输入品。

陶器制作方法的改进，大概是始于第四层的时代，也就是迈锡尼陶器开始输入以后。在上古时代的特洛伊地区，也许是由家庭妇女或者是奴隶们来负责制造自己家里所需要的壶、盆之类器皿。到了迈锡尼型式制品开始出现的第四层时代，特洛伊的制陶技术显然已相当先进了。不过，当时也只有专业的陶匠偶尔会使用陶车，普通的一般家庭还是墨守着仅用双手制陶的老方法。

就在这个时候，有一批商人从海的那一边乘船而来。船上载满了各种各样的珍奇商品。他们在一处海岸开设了临时市集。特洛伊人看到市上出售的那些制作精美的迈锡尼陶器，不由得大为震惊。他们自己所制造的陶器，大小、形状都是参差不齐的。但是，市集里摆出来的陶器，大小、形状以至于花色，即使是数量再多也全部做得一模一样。而且，它们的色彩和造型都美极了。特洛伊人也从商人的口中得知，有一个国家在大量制造这类精巧的杯子、罐子、壶等，并且运销到地中海沿岸的各个角落去。

谢里曼所处的时代虽然具有高度的制陶技术，但在看过这种古陶器之后，还是不能不表示佩服，何况那些古代的特洛伊人。从此以后，特洛伊的制陶师傅们，也开始竞相仿制迈锡尼的陶器。他们很认真地就陶土的造型、烘烧方法、着色、描画、上釉等各个方面进行研究。但是，无论如何，他们做出来的东西还是没办法和迈锡尼的陶器相媲美。究其原因，在于特洛伊地方固有的传统色彩和花纹，只适合于这个地方的土质。迈锡尼陶器产地的质细土壤，在特洛伊根本无法找到。

不过，当时的特洛伊却已经有了陶器工业，他们的陶器工业至少已经延续了 500 年。甚至到公元前六七百年，希腊人统治特洛伊地方的时代仍然存在。从希撒利克最上层出土的陶器，就是明证。

特洛伊的社会曾经盛极一时的事实，从陶车以外的东西上面也可以看出来。根据谢里曼过去的几次发掘，那个时代的城市中已经查明的部分，只不过有几百平方公里而已。但是在发掘时，却发现了希撒利克山上从未见过的最大建筑物遗迹。这个硕大无朋的遗迹是由多尔普菲尔德首先发现的，随后又在旁边发现了另外一处巨大的建筑遗迹。这里既然有这么大的建筑物，当然不会有竹篱茅舍式的村庄了。

此外，分散在特洛伊平原四处的巨大古墓，则有希撒利克山上所特有的单色陶器，和迈锡尼式的陶器同时出土。这事倒令人觉得纳闷，难道这些特洛伊英雄的坟墓，真的是特洛伊全盛时期的遗物吗？

在最早发现的迈锡尼式陶器中，有一种状如水鸟嘴的水壶，被谢里曼当作是判断特洛伊出土品所属年代的标准，格外小心保管。这件东西显然是商人从迈锡尼带来的，只是不知道确实的年代。最近在埃及也出现了同样的水壶，据说大约是公元前 1500 年的遗物。特洛伊出土的陶器中，年代早于这种水壶的，是非常简陋的原始形态之作。因此，地下倒数第二的城市，可以说是具有远比迈锡尼和梯林斯更古老的文化了。

既然第二古城和迈锡尼时代的特洛伊城都比荷马时代更古老，那么，眼前的一个问题是：在《荷马史诗》中，遭希腊军队捣毁的普里阿摩斯王治下的特洛伊，究竟是属于哪一层？同时，由迈锡尼的发掘，人们已经知道有显著进步的文化存在，而这种进步的文化，当然也已经传入特洛伊才对。那么，在层层重叠的城市中，传入这种文化的城市又是属于哪一层？

谢里曼曾像征服者一样向世人宣布了这块土地的存在，然后此时，眼前的这一切仿佛就是他最初发现的，又仿佛不是他最初的发现。他被这些来自地下城市的谜团包围住了，同样包围着他的，还有众人的目光。

发掘工作进行到这个程度，谢里曼早已脱离了荷马的指引，这也令他越来越怯于前进。不过谢里曼是个信奉和忠于事实的人，面对这些新的可能性，他无法视而不见。最后，他发现了一个解决这个问题的办法，他希望这个能给所有发现一个合理解释的论点，能够在他之后的报告中加以说明。在报告中，他可以极不情愿地向全世界并向自己说明，他的发现并非来自荷马时代的文明。

就在谢里曼打算放下他一直以来所执着的观点的时候，命运却没有给他这个机会。对工作永远不肯停下脚步的谢里曼，终于不得不停了下来。因为死神的阴影已经开始笼罩着他，来到他的面前。

末日的哀荣

由于天气太热，希撒利克山上的工作没有办法再继续下去。医生在谢里曼的耳中发现了一块大肿块，整个耳道似乎都被这块肿块堵塞了。因为当地没有条件做手术，所以谢里曼忍着剧痛坚持工作到 7 月底。停止了工作的谢里曼心里盘算着，想在下一年的春天再开始发掘。

回到雅典以后，他和多尔普菲尔德合作写成了这次发掘的简略报告。当时索菲娅和两个孩子正在德国，到 11 月才回来与谢里曼团聚。见到孩子们都长大了，谢里曼十分开心。接着，他自己也去了德国，原因是耳疾的恶化。他听从了微耳的劝告，决定去哈雷接受手术。

赶了五天的路，到哈雷列车站下了车，谢里曼就立刻去看医生。第二天，医生已经开刀把他双耳内的病骨切除了。

谢里曼对自己的体力一向很有信心，以为开过了刀就不会有危险。但是医生不允许他会见客人，谢里曼只能一个人寂寞地坐在病床上看书。

谢里曼

在离圣诞节还有十几天的时候，谢里曼坐上了开往莱比锡的火车。他的样子跟健康时没有两样，他先去莱比锡的出版社，接着又马不停蹄地转往柏林去会见微耳。然后，两人结伴去了博物馆参观自己的特洛伊发掘品。他们很愉快地互相约定来年的结伴旅行。但他还是不肯稍事休息。15日，他已经来到了巴黎。

谢里曼在巴黎又去看了医生，并接受了第二次手术。但他仍然毫不介意伤口作痛，只休息了两三天就赶往意大利的那不勒斯，参观当时从庞贝遗迹刚出土的发掘品。他总是在寒风中赶路，完全忘记了医生的叮嘱，没有在寒冷的天气里保护好耳朵。

在起程之前，谢里曼从巴黎寄出了一封信，告诉家人说他不久后就可以回到雅典，要家人把圣诞节的庆祝活动推迟几天。圣诞节当晚，谢里曼步行在回家的路上，突然，他耳痛发作，晕倒在地上。人们纷纷围拢过来，大家发现躺在地上的这个老人已经不能说话，而且神志也不太清醒了，他身无分文，衣服也十分破旧。

警察来了之后要将谢里曼送进医院，但谢里曼无论如何也不愿接受医院的治疗，于是警察根据他衣服口袋里的那张医生开的处方，把这位给他看过病的医生叫了过来，又为他们叫了一辆破旧的车子。医生抱怨这辆车子实在太破，要求为他们换一辆舒适点的。

　　"这个人太穷了，付不起昂贵的车费。"警察抱怨道。

　　"这怎么可能？他来我这儿看病的时候，可是提着满满一袋金子的。"医生说道。

　　于是，大家又把谢里曼从头到脚搜了一遍身，果然，他们搜到了一袋金子。此时的谢里曼已经不能说话，无力阻止。

　　他们把谢里曼暂时送到一家旅馆里，等待专家给出治疗方案。1890年12月26日，家家户户都沉浸在圣诞节的欢乐气氛中。在那不勒斯的一家旅馆里，有八位专家正认真地商讨着该如何为这个可怜的老头进行救治。而此时，谢里曼已经在隔壁的房间，像个流浪汉一样孤独地离开了人世。

　　谢里曼寄给雅典家里的信还没邮到，那不勒斯的一封电报却早它一步到了雅典。电报中说谢里曼因为耳朵的炎症蔓延到脑部，人已经陷入昏迷状态。仅过了数小时，谢里曼逝世的噩耗已经传到了家中。

　　在多尔普菲尔德的护送下，谢里曼的灵柩被运回了雅典。1891年1月4日午后，谢里曼生前的朋友们聚集在那间他时常和友人一同谈笑欢叙的大厅，共同悼念这位伟大的学者。灵柩的一旁，放置着荷马的画像。希腊国王、太子和大臣们也前来表示哀悼。

经常跟在谢里曼身旁帮助他做事，并且深深为他所信赖的多尔普菲尔德，则以友人和德国科学界代表的身份，说出了诀别之辞："安息吧，朋友！您已经圆满地完成了自己想做的事情。"为了希腊民族的荣誉，谢里曼奉献了他的一生，全体希腊人都应该向他表示敬意。希腊民族的文明与荣耀是因为有了谢里曼才得以彰显于世。希腊的一位总督及诗人兼古代希腊研究专家分别代表了全体希腊人民向谢里曼的逝世表达了哀悼之情。美国的一位公使也对这位兼有美国国籍的谢里曼所表现的不屈不挠、百折不回的精神倍加赞扬。

自经商致富，开始自费进行考古挖掘之后，谢里曼便没有停止对理想的追求和对事实的求证。他的发掘一开始引起各方嘲笑和诽谤，到后来，学界不得不承认，在古希腊时代之前，的确还有一个灿烂的古老文明。这期间，谢里曼不曾有过片刻的闲暇。如今，他终于可以在他自己指定的地点，那个他将来希望能有人替他兴建一座古代希腊式坟墓的位置永眠了。他把古老的文明重新带回到人间，他的名字，也和他的发掘成果一样，被人们永远铭记。